图书情报与档案管理博士文库

学龄前儿童视角下的
公共图书馆儿童服务

王翮然 著

国家图书馆出版社

图书在版编目（CIP）数据

学龄前儿童视角下的公共图书馆儿童服务 / 王翩然著 . —北京：国家图书馆出版社 , 2021.10

（图书情报与档案管理博士文库）

ISBN 978-7-5013-7241-6

Ⅰ . ①学… Ⅱ . ①王… Ⅲ . ①公共图书馆—学龄前儿童—读者服务—研究 Ⅳ . ① G252

中国版本图书馆 CIP 数据核字（2021）第 008373 号

书　　名	学龄前儿童视角下的公共图书馆儿童服务	
著　　者	王翩然　著	
责任编辑	唐　澈	
封面设计	翁　涌	
责任校对	郝　蕾	

出版发行	国家图书馆出版社（北京市西城区文津街 7 号　100034）（原书目文献出版社　北京图书馆出版社）010-66114536　63802249　nlcpress@nlc.cn（邮购）
网　　址	http://www.nlcpress.com
排　　版	北京金书堂文化发展有限公司
印　　装	河北鲁汇荣彩印刷有限公司
版次印次	2021 年 10 月第 1 版　2021 年 10 月第 1 次印刷

开　　本	710×1000　1/16
印　　张	13.5
字　　数	208 千字
书　　号	ISBN 978-7-5013-7241-6
定　　价	78.00 元

丛书编委会

（按姓氏汉语拼音顺序排列）

主　任：

曹树金　魏　崇

委　员：

陈传夫	初景利	邓小昭	方　卿	葛艳聪
黄水清	李　纲	李广建	李　贺	李玉海
李月琳	刘越男	卢小宾	陆　伟	马　捷
申　静	孙建军	孙瑞英	王战林	韦景竹
夏立新	徐丽芳	闫　慧	殷梦霞	张　斌
张久珍	张志强	朱庆华		

总序一

    博士，是我国学位结构中的最高层次，博士水平是一个国家高等教育水平的重要标志。高水平研究生教育是世界一流大学和一流学科的主要特征。随着我国高校"双一流"建设的推进，高等院校必须突出人才培养的主体地位，把建设一流的研究生教育体系放在重要位置。

    20世纪90年代以来，我国图书情报与档案管理的博士研究生教育质量稳步提升，取得了令人瞩目的成绩。目前，我国已有图书情报与档案管理一级学科博士学位授权点12个，为教学、科研部门和信息机构输送了一批又一批高层次人才。随着国内高校"双一流"建设迅猛发展，研究生教育尤其是博士研究生教育作为科技第一生产力、人才第一资源、创新第一动力的重要结合点，在各项事业的发展中具有不可替代的作用。研究生教育作为国民教育的顶端和国家创新体系的生力军，是高层次拔尖创新型人才的主要来源和科学研究潜力的主要标志。

    博士研究生的培养主要是在导师指导下进行科学研究，撰写博士学位论文。对于博士研究生来讲，完成博士学位论文是获得博士学位必不可少的环节。一个学科领域的博士论文可以在相当程度上反映该领域的新思想、新方法、新技术及其未来趋势。博士论文的选题与本领域当前的理论和实际问题密切相关，有的还是某一科研项目的重要组成部分，反映了学科领域的发展现状与水平，对整个学科学术水平的提高有着不可忽视的作用。

    近年来毕业的图书情报与档案管理博士研究生在众多的研究专题上取得了不少重要的研究成果，其中有些还改编为专著由不同的出版社出版。但由于较为分散，未能引起人们的充分注意，这些成果的社会作用也就难以得到最大限度的发挥。为了集中反映我国图书情报与档案管理学科博士学位获得者取得的科研成果，中国图书馆学会编译出版委员会和国家图书馆出版社策划出版了《图书情报与档案管理博士文库》（以下简称"文库"），这是一件令人十分高兴的好事情。

收入"文库"的博士学位论文，是经文库编辑委员会推荐并严格审查，从已通过学位论文答辩并获得博士学位者的论文中推选出来的，在论文出版时作者做了修订增补工作，使之更臻完善。收入"文库"的博士学位论文的推选标准是：论文选题为学科前沿，具有开创性和重大的理论价值或现实意义；论文理论方向正确，有独到见解或方法上的创新；论文体现博士研究生良好的学风、文风，材料数据翔实，结构合理，逻辑严密，写作规范。每篇博士学位论文都是博士研究生们多年学习与研究的成果，反映了他们对图书馆学、情报学和档案学研究的科学贡献，从中我们也可以看到博士生指导教师学术思想的影子。因此，我们可以说，它们是图书情报与档案管理研究领域非常有价值的财富。

"文库"的出版，可以使博士研究生的科研成果在社会上得到较为广泛的传播，从而扩大图书情报与档案管理的学科影响；同时，可以对导师如何指导论文起到借鉴作用，也可以成为在读博士研究生撰写论文的范本。因而，出版《图书情报与档案管理博士文库》这一举措必将有力地推动我国图书情报与档案管理学术研究的发展与创新。

《图书情报与档案管理博士文库》在组织编辑出版过程中，得到了各博士生培养单位及有关专家的热情支持，也得到了博士生导师和博士研究生们的热情支持，谨此表示感谢，并希望今后继续得到各方面的支持和帮助，使更多的优秀博士论文入编"文库"。提高图书情报与档案管理学科博士生培养质量是一项复杂的系统工程，需要博士生、导师、培养单位及其他相关各方的共同努力，博士生自身的努力尤其重要。让我们共同努力，为繁荣我国的图书情报与档案管理研究做出贡献。

北京大学哲学社会科学资深教授　吴慰慈

2020 年 9 月

总序二

  中国图书馆学会编译出版委员会与国家图书馆出版社合作，计划连续出版《图书情报与档案管理博士文库》，每年从全国图书情报与档案管理学科的博士学位论文中，经推荐和评审，择优以专著形式出版若干篇博士论文。这对我国图书情报与档案管理学科的博士生培养和学科发展是很有意义的事。

  研究生教育尤其是博士研究生教育作为科技第一生产力、人才第一资源、创新第一动力的重要结合点，在各项事业的发展中具有不可替代的作用。博士研究生教育作为国民教育的顶端和国家创新体系的生力军，是高层次拔尖创新型人才的主要来源和科学研究潜力的主要标志。30多年来，我国的图书情报与档案管理学科博士研究生教育有了长足的发展，形成了完整的培养体系。图书情报与档案管理一级学科博士学位授权点已超过十个，每年招收博士研究生百余名，为相关领域的学界和业界输送了数量和质量可观的高层次人才。

  博士研究生在导师的指导下进行研究性和创新性学习，受到严格的学术训练和浓厚学术氛围的熏陶，完成学业有很高的要求。根据我国博士研究生培养条例的相关规定，要求博士研究生通过博士阶段学习，掌握本学科领域坚实宽广的基础理论和系统深入的专门知识，具有广博的相关学科知识，具备独立从事创新性科学研究的能力。有关研究表明，学者的学术生涯可以分为几个阶段，无论从年龄结构还是从学术积累的角度看，攻读博士学位期间无疑都是最为重要的学习、研究和创新阶段。许多重要的学术成果甚至诺贝尔奖成果都是在攻读博士学位阶段奠定的基础或直接取得的成果。博士研究生在攻读博士学位期间，要求选择学科的前沿问题或重要问题，进行多年的潜心研究，作为其研究成果集中体现的博士学位论文一般都包括本学科及相关学科领域的新问题、新知识、新观点、新思想、新理论和新方法，具有较高的学术水平和学术价值，是当前汗牛充栋的各类书籍中，较为优秀的学术著作，更是博士研究生群体可以直接参阅、借鉴并得益的范本，值得出版和推荐。

我们图书情报与档案管理学科每年产生数以百计的博士学位论文，基本能够反映本学科发展的前沿和趋势。虽然《图书情报与档案管理博士文库》只能出版其中的百分之几，但因为是优中选优，精益求精，更具有学术价值和学术效益。所以《图书情报与档案管理博士文库》的连续出版，既能为本学科积累一种有代表性的学术资源，又能对学科新人的成长有所激励和助益，从而能够促进整个学科的发展。

《图书情报与档案管理博士文库》的收录范围是整个图书情报与档案管理一级学科。我期盼通过"博士文库"这一遴选机制，不断推出图书情报与档案管理领域青年学者的精品力作。

武汉大学人文社会科学资深教授
武汉大学信息管理学院教授

2020 年 9 月

序

      当前的图书馆低幼龄儿童服务中有许多公认的理念和做法，有的借鉴于幼教理论，有的来源于行业实践经验，这些理念和做法构成了如今的图书馆低幼龄儿童服务的整体。不过，作为主要服务对象的低幼龄儿童自己的看法与态度却很少被研究者和从业者关注，这就导致了当今图书馆的低幼龄儿童服务总是以成人意愿开展，缺乏低幼龄儿童的声音。

      王翩然博士敏锐地发现了这一现象，在博士就读期间对学龄前儿童有关图书馆服务的看法与态度开展了系统研究。她从学龄前儿童视角出发，在全面回顾国内外相关研究与理论的基础之上，通过详细的实证调研与深入的论证分析，还原了学龄前儿童对图书馆儿童服务的感知、偏好与整体认知，并以此为依据提出改善公共图书馆学龄前儿童服务的策略。这些研究均可作为今后相关研究与实践工作开展的基础。

      本书在王翩然博士论文基础上修改而成。特色有三：一是采用了适合学龄前儿童的研究方法。研究采用了"马赛克法"和"阶梯法"两种很少被本学科关注的研究方法，并将其运用在表达能力尚处于发展阶段的学龄前儿童群体中，最大限度地帮助这一群体表达对图书馆儿童服务的看法与态度。二是还原了学龄前儿童对公共图书馆儿童服务的整体认知。研究发现学龄前儿童视角下的图书馆是由书、实体空间、规则、人构成，揭示了学龄前儿童视角中四个组成部分的相互关系。其中，一些发现与当今图书馆界倡导的发展方向存在差异，另一些则极少被我们注意到，这一切均对从学龄前儿童体验出发改善图书馆儿童服务具有极大的指导意义。三是对构建图书馆界以儿童为核心的话语体系做出了尝试。研究从理论框架、方法论、研究过程、分析思路到对策建议，均体现以学龄前儿童视角为核心，为今后与学龄前儿童相关的研究与实践提供了示范。

本书从立项、完成到出版得到了许多鼓励和支持。读博期间，王翮然博士以此为题目，获得两项校级科研项目资助，同时在 *Library and Information Science Research*、*Journal of Librarianship and Information Science*、《中国图书馆学报》等国际与国内具有重要影响力的期刊上发表了研究发现，反映出学术界对该研究及成果的认可。同时，一些和王翮然博士合作过的图书馆在工作中参考了她的观点，培养了自身进行儿童调研、尊重儿童看法的意识，有效地提升了服务水平。

获得学位后，王翮然博士继续在低幼龄儿童的图书馆与信息服务领域深耕。她当前的研究工作起源于博士期间对低幼龄儿童的深入调研，她敏锐地发现了这一群体在面对图书馆大量馆藏时的找书难问题，于是开始探索面向低幼龄儿童的信息组织理论与方法。受益于博士期间的扎实训练和充分准备，她在毕业后至今的两年内接连斩获国家自然科学基金青年项目、博士后基金项目，并发表多篇国际知名期刊与会议论文，为今后在学术道路上的发展打开了良好局面。同时，新阶段的研究工作使她不断深化了对相关研究问题的理解，这些内容也在本书中有所体现。

《图书情报与档案管理博士文库》收录优秀的图书情报与档案管理学科博士学位论文，为本学科优秀的青年学子们提供了展示自身能力与水平的较高平台。王翮然博士的学位论文有幸被收录并资助出版，不仅是对她研究工作的肯定，也很好地起到了对图情档领域研究与行业实践发展方向的引领作用。作为王翮然博士当年的指导教师，我祝贺本书的出版！同时，祝愿她在今后的学术道路上坚持初心，不断求索，取得更好的成绩！

南开大学商学院信息资源管理系教授 徐建华

2021 年 5 月 5 日

目　录

1 引言 ………………………………………………………（1）

1.1 图书馆重视学龄前儿童服务的必要性 ………………（2）

1.2 学龄前儿童在图书馆中的隐形困境 …………………（6）

1.3 相关概念 ………………………………………………（9）

1.4 本书的研究问题与研究意义 …………………………（23）

1.5 本书结构 ………………………………………………（28）

2 研究回顾 …………………………………………………（30）

2.1 学龄前儿童视角的研究内容 …………………………（30）

2.2 针对学龄前儿童的研究方法 …………………………（36）

2.3 学龄前儿童对图书馆服务的认知 ……………………（59）

2.4 学龄前儿童对图书馆服务的评价 ……………………（60）

2.5 已有研究不足 …………………………………………（70）

3 学龄前儿童对图书馆儿童服务的感知 …………………（72）

3.1 问题描述 ………………………………………………（72）

3.2 研究设计 ………………………………………………（74）

3.3 研究结果 ………………………………………………（81）

3.4 讨论 ……………………………………………………（91）

3.5 本章小结 ………………………………………………（96）

4 学龄前儿童对图书馆儿童服务的偏好 …………………（98）

4.1 问题描述 ………………………………………………（98）

  4.2 研究设计 ··（102）

  4.3 研究结果 ··（112）

  4.4 讨论 ··（120）

  4.5 本章小结 ··（126）

5 学龄前儿童对图书馆儿童服务的整体认知 ················（128）

  5.1 学龄前儿童的图书馆共性认知 ··················（128）

  5.2 学龄前儿童的图书馆特色认知 ··················（135）

  5.3 学龄前儿童视角下的儿童图书馆与专家定位的异同 ·······（137）

  5.4 本章小结 ··（140）

6 基于学龄前儿童视角的图书馆儿童服务建议 ···········（141）

  6.1 着重建设实体空间 ··································（141）

  6.2 纸质书应成为资源主体 ····························（145）

  6.3 鼓励亲子互动与同龄人互动 ······················（148）

  6.4 帮助学龄前儿童树立规则意识 ····················（157）

  6.5 平衡活动难度与学龄前儿童能力 ··················（160）

  6.6 本章小结 ··（164）

7 总结与展望 ···（165）

  7.1 研究结论与贡献 ····································（165）

  7.2 研究局限与展望 ····································（169）

参考文献 ··（173）

附 录 ··（191）

后 记 ··（198）

图目录

图 1-1　成人与儿童的自助图书借还机 ……………………………（ 8 ）

图 2-1　微笑计 ……………………………………………………（ 46 ）

图 2-2　微笑量表 …………………………………………………（ 47 ）

图 2-3　乐趣排序表 ………………………………………………（ 47 ）

图 2-4　"再一次"表 ……………………………………………（ 48 ）

图 2-5　手段—目标链的 A-C-V 模型 ………………………（ 49 ）

图 2-6　对某品牌薯片构建的等级价值图示例 ………………（ 50 ）

图 4-1　活动报名 / 宣传页面 ……………………………………（ 109 ）

图 4-2　"图书馆日常服务"的结构关联矩阵示例 ……………（ 112 ）

图 4-3　学龄前儿童对图书馆日常服务偏好的等级价值图 ……（ 115 ）

图 4-4　学龄前儿童不喜欢图书馆日常服务的等级价值图 ……（ 117 ）

图 4-5　学龄前儿童对图书馆活动偏好的等级价值图 …………（ 118 ）

图 4-6　学龄前儿童不喜欢图书馆活动内容的等级价值图 ……（ 120 ）

图 4-7　学龄前儿童对图书馆活动偏好的等级价值图
　　　　（局部）………………………………………………（ 126 ）

图 5-1　学龄前儿童对图书馆服务共性认知模型 ………………（ 129 ）

图 6-1　美国加州喜瑞都图书馆儿童区入口 ……………………（ 142 ）

图 6-2　美国北卡罗来纳州教堂山公共图书馆儿童区一角 ……（ 142 ）

图 6-3　两套排架系统 ……………………………………………（ 148 ）

图 6-4　图书馆提供棋类游戏 ………………………………（ 153 ）

图 6-5　手偶舞台 …………………………………………（ 155 ）

图 6-6　美国北卡罗来纳州橘子县公共图书馆《注意你的
　　　　举止，大坏狼》手偶秀海报 ………………………（ 160 ）

图 6-7　心流模型 …………………………………………（ 163 ）

表目录

表 1-1 美国儿童图书馆服务协会的儿童图书馆员职业

胜任力描述变化 ···（ 14 ）

表 1-2 学龄前各年龄段儿童发展特征（部分）·················（ 19 ）

表 3-1 受访学龄前儿童信息 ···································（ 75 ）

表 3-2 受访学龄前儿童人口学特征 ·························（ 76 ）

表 3-3 "这个图书馆比学校的图书馆吵一百倍"（TJ01）·······（ 83 ）

表 3-4 认识新朋友的经历（FZ09）·························（ 84 ）

表 3-5 和朋友一起来图书馆（TJ07）·····················（ 84 ）

表 3-6 带朋友来图书馆（SH06）·························（ 88 ）

表 3-7 观察到图书馆员的工作（TJ01）···················（ 89 ）

表 3-8 图书管理员的工作（FZ09）·······················（ 89 ）

表 3-9 找书的判断依据（HZ02）·························（ 90 ）

表 4-1 受访学龄前儿童信息 ·································（ 102 ）

表 4-2 受访学龄前儿童人口学特征 ·······················（ 104 ）

表 4-3 活动顺序的 3×3 拉丁方设计 ·····················（ 106 ）

表 4-4 属性、结果、价值观元素识别举例

（TJ58 编码记录）·····································（ 111 ）

表 4-5 TJ47（6 岁，女）对活动偏好的阶梯法访谈（部分）·····（ 114 ）

表 4–6　学龄前儿童对图书馆日常服务偏好的属性与

　　　　结果元素 ……………………………………………（ 115 ）

表 4–7　学龄前儿童对图书馆活动偏好的属性与

　　　　结果元素 ……………………………………………（ 118 ）

表 4–8　对图书馆椅子的选择标准（TJ58）………………（ 121 ）

1 引言

　　少年儿童图书馆与公共图书馆是我国开展图书馆未成年人服务的主要机构。截至2019年，我国已有独立建制的少年儿童图书馆123个[①]，全国3196个公共图书馆中大部分都设置有未成年人的借阅区域，为未成年人提供图书馆服务。

　　法律与政策层面上，2016年12月颁布的《全民阅读"十三五"时期发展规划》提出少儿阅读是全民阅读的基础[②]，奠定了全社会重视未成年人阅读的基调，也使整个图书馆界意识到未成年人阅读推广与图书馆服务的重要性。2017年11月颁布的《中华人民共和国公共图书馆法》规定"政府设立的公共图书馆应当设置少年儿童阅览区域，根据少年儿童的特点配备相应的专业人员，开展面向少年儿童的阅读指导和社会教育活动，并为学校开展有关课外活动提供支持"[③]，强有力地保障了未成年人图书馆服务的开展。

　　同时，针对少年儿童图书馆服务推广的新技术应用（如虚拟现实、增强现实、介导现实等）、产品（如3D互动立体书、3D体验馆、综合阅读

---

　　① 中华人民共和国国家统计局.少儿图书馆机构数[EB/OL].[2020-12-02]. https://data.stats.gov.cn/search.htm?s=%E5%B0%91%E5%84%BF%E5%9B%BE%E4%B9%A6%E9%A6%86.

　　② 新华网.《全民阅读"十三五"时期发展规划》发布[EB/OL].[2018-11-29]. http://www.xinhuanet.com/politics/2016-12/27/c_129421928.htm.

　　③ 中国人大网.中华人民共和国公共图书馆法[EB/OL].[2018-06-22]. http://www.npc.gov.cn/npc/xinwen/2017-11/04/content_2031427.htm.

空间等）与服务（如绘本馆综合解决方案、现代化图书馆解决方案等）层出不穷。可见推广少儿阅读与提升未成年人图书馆服务质量已经成为我国图书馆界及相关领域的关注重点[①]。

公共图书馆开展未成年人服务时，面向的是0—18岁儿童与青少年群体，具体包括婴儿和幼童、儿童以及青少年[②]四类子群体。但在实践中，除独立建制的少年儿童图书馆和部分专业化程度较高的公共图书馆外，大量公共图书馆仍将0—12岁儿童视为同一群体，并以此为依据设置"儿童阅览室"，统一提供服务。曾有研究者指出，我国公共图书馆的未成年人服务主要是针对6岁以上儿童，大多数公共图书馆低幼龄儿童服务意识还没有形成[③]。

1.1 图书馆重视学龄前儿童服务的必要性

学龄前儿童应该成为公共图书馆开展未成年人服务的重点对象，这是因为：

1.1.1 图书馆是开展早期阅读的最佳场所

大量研究证明，学龄前儿童处于阅读能力、文学素养发展的关键时期。阅读能够有效扩大学龄前儿童的词汇掌握量，提升表达能力、阅读理解能力等语言能力，并培养共情与社交能力，为之后的学校生活乃至一生

---

① 王嬿然,徐建华,李耀昌.倾听儿童的声音:让儿童成为自己图书馆的评价主体[J].中国图书馆学报,2017,43（5）:102–115.

② RANKIN C. IFLA guidelines for library services to children aged 0–18/revised vision（2018）[EB/OL].[2020–12–04].https://www.ifla.org/publications/node/67343?og=51.

③ 刘兹恒,武娇.公共图书馆未成年人服务的指导文件——学习《中国儿童发展纲要（2011—2020年）》[J].图书与情报,2012（1）:1–3,66.

奠定基础①。因此，针对学龄前儿童的早期阅读成为当今各国公共图书馆的活动重点。

Anderson等在《走向全民读者之国：阅读委员会报告》中提出人的阅读始于家庭，儿童在入学前，最初在家庭中获得的理解事物、事件、思想、感受的概念与口语能力是今后阅读能力的基础。同时，他们认为阅读与环境密切相关，那些阅读能力较好的儿童，多来自拥有大量藏书或有很多机会前往图书馆的家庭，并且这些儿童的父母与兄弟姐妹也有阅读的习惯②。多项纵向研究发现，儿童早期读写素养和语言能力的差异会一直延续到小学③。儿童的读写素养方面存在马太效应，即阅读能力强的儿童在入学后能够发展出更强的阅读技能，而阅读能力差的儿童表现会越来越差④。

---

① DICKINSON D K, SMITH M W. Long-term effects of preschool teachers' book readings on low-income children's vocabulary and story comprehension[J]. Reading research quarterly,1994,29（2）:105-122;TRELEASE J. The read-aloud handbook[M]. London:Penguin Books,2006;CUNNINGHAM A E, STANOVICH K E. Early reading acquisition and its relation to reading experience and ability 10 years later[J]. Developmental psychology,1997,33（6）:934-945;CUNNINGHAM A E. Vocabulary growth through independent reading and reading aloud to children[M] // Teaching and learning vocabulary: bringing research to practice. London:Routledge,2005:45-68;PILLINGER C, WOOD C. Pilot study evaluating the impact of dialogic reading and shared reading at transition to primary school:early literacy skills and parental attitudes[J]. Literacy,2014,48（3）: 155-163;DOYLE B G, BRAMWELL W. Promoting emergent literacy and social-emotional learning through dialogic reading[J]. The reading teacher,2006,59（6）:554-564;CHOMSKY C. Stages in language development and reading exposure[J]. Harvard educational review,1972,42（1）:1-33;JENSEN C N, BURLESON W, SADAUSKAS J. Fostering early literacy skills in children's libraries:opportunities for embodied cognition and tangible technologies[C] //Proceedings of the 11th international conference on interaction design and children. New York, USA:ACM,2012:50-59.

② ANDERSON R C. Becoming a nation of readers:the report of the commission on reading [EB/OL]. [2016-04-08]. https://files.eric.ed.gov/fulltext/ED253865.pdf.

③ MURRAY E, HARRISON L J. The influence of being ready to learn on children's early school literacy and numeracy achievement[J]. Educational psychology,2011,31（5）: 529-545.

④ STANOVICH K E. Matthew effects in reading:some consequences of individual differences in the acquisition of literacy[J]. Reading research quarterly,1986,21（4）:360-407.

家庭的藏书能力与营造阅读环境能力均不如具有天然的优势的公共图书馆。因此，在儿童入学前，作为营造阅读环境、提供相关阅读材料和活动最佳场所的公共图书馆应该重点向学龄前儿童提供服务。

1.1.2 图书馆开展学龄前儿童服务是信息时代下的新使命

作为"数字原住民"一代，当今儿童在2岁之前就已经接触过数字设备[①]。3岁开始，儿童会积极地尝试使用数字设备与信息系统[②]。根据欧洲的一项调研，随后，儿童会通过试错、观察父母和年长孩子等途径极快地习得如何使用数字设备。除非学校有专门的课程，大部分儿童都是在家获得的信息技能。通过数字设备和网络，儿童能够获得娱乐、满足好奇心、发挥创造力、发展社交。然而，儿童的信息查询能力十分有限，由于读写能力较低，儿童只能通过语音和图片搜索来找到他们想要的视频、游戏等[③]。与此同时，家长也表示希望获得系统性地引导儿童使用数字设备和网络的方法[④]。最后，研究者提出，让儿童自行探索数字设备和网络并非毫无风险，家长、学校承担有引导儿童使用数字设备与网络的重要职责[⑤]。

[①] CHAUDRON S，GIOIA R D，GEMO M. Young children（0-8）and digital technology：a qualitative study across Europe[R]. Joint Research Centre（European Commission），2018：15.

[②] GIVEN L M，WINKLER D C，WILLSON R，et al. Documenting young children's technology use：observations in the home[J]. Proceedings of the American society for information science & technology，2014，51（1）：1-9；DANBY S，DAVIDSON C，EKBERG S，et al. "Let's see if you can see me"：making connections with Google Earth™ in a preschool classroom[J]. Children's geographies，2016，14（2）：141-157.

[③] CHAUDRON S，GIOIA R D，GEMO M. Young children（0-8）and digital technology：a qualitative study across Europe[R]. Joint Research Centre（European Commission），2018：34-37.

[④] CHAUDRON S，GIOIA R D，GEMO M. Young children（0-8）and digital technology：a qualitative study across Europe[R]. Joint Research Centre（European Commission），2018：70-78.

[⑤] CHAUDRON S，GIOIA R D，GEMO M. Young children（0-8）and digital technology：a qualitative study across Europe[R]. Joint Research Centre（European Commission），2018：90-94.

对于此，国际图联（International Federation of Library Associations and Institutions，简称 IFLA）在《国际图联 0—18 岁儿童图书馆服务指南》中特别强调了图书馆作为信息中心的使命，即要为儿童及家人和照顾者提供适合其年龄和能力的信息等有效获取途径[①]。此外，图书馆还应该是引导儿童学习使用信息技术、获取资源和信息，学习如何批判性地评估信息的场所。图书馆还应向家长、照顾者和教育者提供如何选择和安全使用技术以支持儿童技能发展[②]。这些儿童信息素养培养的路径能够有效帮助儿童和家长避免使用数字设备和网络时遇到的风险，也是公共图书馆在信息时代下重视学龄前儿童服务的必要性所在。

1.1.3　图书馆需要支持与补充幼教工作

根据《国际图联 0—18 岁儿童图书馆服务指南》，图书馆与幼儿园、学前教育机构是重要的合作伙伴，图书馆员应向上述教育机构提供种类丰富的项目来使儿童获益，其中包括：参观图书馆、图书馆介绍项目、信息素养班、阅读推广、借阅服务、文化项目、家庭作业支持、作者/讲故事人见面会、从业者见面空间等[③]。这些服务充分利用了图书馆自身的优势，辅助学前教育机构开展幼教工作，使学龄前儿童的教育不仅停留在幼儿园、学校等正规教育机构内，也在社会层面保证了幼教工作的开展。

2011 年，我国教育部发布的《教育部关于规范幼儿园保育教育工作防止和纠正"小学化"现象的通知》规定，"幼儿园不得要求家长统一购买各种幼儿教材、读物和教辅材料"[④]。这一规定虽在防止与纠正幼儿园的"小学化"倾向、杜绝幼儿园向家长乱收费的现象上取得了一定成果，

---

①②③　RANKIN C. IFLA guidelines for library services to children aged 0-18/revised vision（2018）[EB/OL].［2018-10-18］. https://www.ifla.org/publications/node/67343?og=51.

④　教育部. 教育部关于规范幼儿园保育教育工作　防止和纠正"小学化"现象的通知[EB/OL].［2016-12-07］. http://www.moe.edu.cn/publicfiles/business/htmlfiles/moe/s5972/201201/129266. html.

但也导致了幼儿园和家长缺乏高质量的阅读教学标准与材料，导致了教学方式、水平参差不齐。因此，公共图书馆应秉持教育使命的要求，"对各级正规教育的学生提供支持，帮助他们完成正规教育计划"①，补充幼教工作中的不足、疏漏部分，协助儿童与家长开展学习活动。

1.1.4　学龄前儿童有相对充裕的时间享受图书馆服务

未成年人有很长的一段时间处于在校学习阶段，义务教育规定了学龄未成年人主要学习时间是在学校，国际上公共图书馆也普遍面临"7岁后消失的读者"这一突出问题②。这一现象的解决方案尚没有定论，但它暗示我们，图书馆尚有7岁前的学龄前儿童群体，图书馆员应努力服务好已有的读者群体。

随着时代的发展，越来越多的年轻父母忙于工作，几乎无暇顾及孩子，于是抚养孩子的重担就不可避免地由祖父母、外祖父母承担，这种现象一般被称为隔代抚养。无论是城市还是农村，老人在工作日的白天带儿童散步、玩耍的情景越来越常见。当前我国公共图书馆的重点服务群体是老年人与未成年人，那么，公共图书馆自然也就成为隔代抚养与教育的最佳场所。这是因为：首先，老人与儿童在公共图书馆中均可以享受到针对自身群体开展的服务；其次，公共图书馆提供的文化与阅读相关活动能够吸引老人，同时也有助于培养儿童的阅读兴趣与习惯，符合家人的期望；最后，公共图书馆提供的相对安全的空间、舒适的环境、教育的导向，为老人卸下了一部分隔代抚养与教育的压力。

1.2　学龄前儿童在图书馆中的隐形困境

如今，一些公共图书馆已经意识到学龄前儿童群体的独特性，独立建

---

① 于良芝.图书馆情报学概论[M].北京:国家图书馆出版社,2016:251.
② 范并思.拓展图书馆未成年人阅读服务[J].图书与情报,2013（2）:2-5.

制的少年儿童图书馆和部分专业化程度较高的公共图书馆在馆内设置绘本阅读室或学龄前儿童区域,专供学龄前儿童使用。在笔者实际走访的图书馆中,这些区域一般布置温馨、使用低矮舒适的桌椅书架、设置大量适宜学龄前儿童的绘本等资源,适合学龄前儿童的身体发育和认知发展水平。不过,一些现象仍暗示了学龄前儿童在图书馆中的隐形困境。

在空间设计与利用方面,有的图书馆存在设计不合理而导致的学龄前儿童使用不便问题。举例而言,某图书馆新建的低龄儿童阅览室本设有卫生间,但由于儿童不能保持卫生间清洁的原因关闭,儿童只得使用阅览室之外距离较远的卫生间。再比如,一些图书馆设立了儿童玩耍区域,设置有大型游乐设施,并摆放玩具供低龄段儿童使用,却由于距离阅览区较近,仍贴着"保持安静"的提示标语,并要求家长对孩子进行约束。个别认为"小孩太吵"的图书馆,甚至出台"谢绝14岁以下少年儿童入馆"的规定,曾经引发行业内一片哗然。

在资源和信息技术支持方面,2016年的中国图书馆年会上,一组待售的成人与少儿自助图书借还机显示出更深层次的隐患(见图1-1):少儿自助图书借还机使用卡通外形,且高度较低,显然从外形上考虑到了少年儿童的特点,但用户交互界面、内置系统逻辑却与成人的自助借阅机无差。在3岁以上儿童就会与数字设备积极互动[①]的现实情况与倡导图书馆成为信息中心、满足儿童信息方面需求的使命与目标[②]指引下,最能够体现图书馆全新使命的代表性设备与信息系统却没有表现出对低龄儿童群体的欢迎,反而用学龄前儿童不能使用的系统默默将其拒之于外。

---

① GIVEN L M,WINKLER D C,WILLSON R,et al. Documenting young children's technology use:observations in the home[J]. Proceedings of the American society for information science & technology,2014,51(1):1-9;DANBY S,DAVIDSON C,EKBERG S,et al. "Let's see if you can see me":making connections with Google Earth™ in a preschool classroom[J]. Children's geographies,2016,14(2):141-157.

② RANKIN C. IFLA guidelines for library services to children aged 0-18/revised vision(2018)[EB/OL]. [2018-10-18]. https://www.ifla.org/publications/node/67343?og=51.

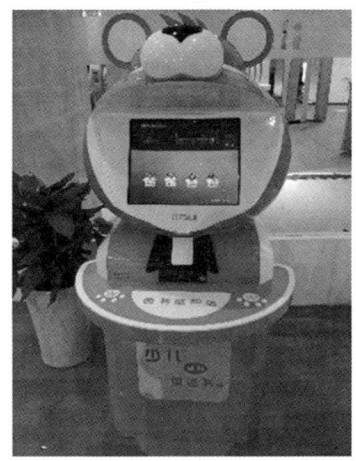

图 1-1　成人与儿童的自助图书借还机

资料来源：作者拍摄。

在评估与反馈途径方面，有研究者尝试通过获得儿童意见或制定评价体系以改进图书馆儿童服务。前者的调研中，往往针对能够进行读写的学龄儿童，而学龄前儿童的数据多由于"读写能力尚处于发展水平""考虑到儿童的年龄特点以及认知能力有限"等原因，最终被剔除，或由家长代为回答①。此外，还有一些涉及学龄前儿童的评价指标多由专家制定②，没有询问学龄前儿童的观点。可以看出，学术界关于涉及学龄前儿童的调研主要采取两种方式：直接回避或由家长、专家等成人代理。

类似的现象不胜枚举，这些做法是否充分考虑了当今儿童的认知特征与发展规律，是否忠实地履行了公共图书馆的使命，令人持怀疑态度。比

---

① CHANDRASEKAR K，SIVATHAASAN N. Children's section of the Jaffna public library：user satisfaction survey[J]. Library review，2016，65（1/2）：108-119；孙云倩，许敬涵，俞洁丽，等. 图书馆对学龄前儿童阅读意识和阅读兴趣培养的影响研究[J]. 图书馆研究与工作，2011（2）：66-69；戚敏仪. 图书馆亲子阅读活动读者满意度调查研究——以广州少年儿童图书馆为例[J]. 图书馆研究，2015，45（1）：112-118；戚敏仪. 图书馆亲子阅读活动评价指标体系设计研究——以广州少年儿童图书馆为例[J]. 山东图书馆学刊，2015（1）：74-78.

② 王素芳，孙云倩，王波. 图书馆儿童阅读推广活动评估指标体系构建研究[J]. 中国图书馆学报，2013，39（6）：41-52；戚敏仪. 基于德尔菲法的少儿文献评价指标体系构建[J]. 情报探索，2018（1）：56-62.

起早期典型的图书馆将成人规格的家具用于儿童服务，这些问题的不合理性更加隐秘，甚至常常被图书馆的成年服务者忽视，并被毫无质疑地提供给学龄前儿童。这一方面释放出图书馆界对学龄前儿童发展规律、话语权漠视的信号，另一方面也蚕食着学龄前儿童在图书馆服务使用过程中的良好体验与未来成为终身用户的可能性。

对于这些隐患，我们除了学习学龄前儿童发展规律，保持敏锐的服务意识外，最有效的途径是直接引入学龄前儿童的意见反馈机制。美国教育评价研究者Stufflebeam提出，评价能够为决策提供有用信息，"评价最重要的意图不是为了证明，而是为了改进"①。对于图书馆的成人服务部分，我们引入用户评价机制，以保证服务能够最大限度地考虑到用户特征、满足用户需求。目前在图书馆界，成人用户的评价对图书馆服务质量提升的促进作用已成为业界常识。那么同样身为用户的学龄前儿童的意见为何不能被直接纳入图书馆未成年人服务质量提升的措施之中？在承认学龄前儿童可以作为图书馆意见主体的条件下，又如何能够帮助他们发声、表达他们对于图书馆服务的看法，以最终改善图书馆学龄前儿童服务？

有鉴于此，笔者开展本项研究，目的是获得学龄前儿童对公共图书馆儿童服务的看法与态度，据此提炼出公共图书馆需要重点为儿童服务改进的方面，以期最终改善公共图书馆的学龄前儿童服务。

1.3 相关概念

1.3.1 儿童视角

儿童视角常在文学和教育领域被提及。在文学领域，儿童视角是指"小说借助于儿童的眼光或口吻来讲述故事，故事的呈现过程具有鲜明的

---

① STUFFLEBEAM D L. The CIPP Model for program evaluation[J]. Evaluation in education and human services, 1983（6）:117–141.

儿童思维的特征，小说的叙述调子、姿态、结构及心理意识因素都受制于作者所选定的儿童的叙事角度"①。但是，由于作者是成年人，即便选择儿童视角讲述故事，也不可避免地会透出成人的观点与想法。

在教育领域，儿童视角的研究并不是要"借助"儿童的眼睛或嘴巴去看或说成人的教育观念，而是要让儿童直接表达他们对教育的理解和看法。黄力指出，植根于现代化儿童观，"儿童视角"的教育研究应包含以下三个基本含义：第一，承认儿童的独特价值，并以尊重、保护儿童的独特价值为己任；第二，强调赋予儿童自由表达的机会，让儿童能够说出自己的教育体验以及对教育的看法；第三，珍视儿童的每一个观点，不以成人的标准对其进行评价，相反，成人研究者应该站到儿童的一边，了解儿童的真实处境和生活体验，从儿童的角度理解儿童的看法，并据此反思既有的教育观念和实践②。余祥提出，儿童视角是指成人在做一些可能涉及儿童的思考、决定、行动时，能站在儿童的立场，考虑儿童的想法，从保护儿童权利的角度，尊重儿童③。杜小凤对儿童视角的定义为：在尊重儿童独特价值的基础上，让儿童自由表达自己的教育体验以及对教育的看法。从儿童视角出发的幼儿园教育质量评价就是要让幼儿自由表达自己在幼儿园的情感体验以及对幼儿园的看法④。

综合上述定义，本书的儿童视角是指在承认儿童主体地位和权利的基础上，让儿童从他们的角度表达对问题的看法。儿童视角下的公共图书馆儿童服务则指的是在尊重儿童图书馆评价主体地位和权利的基础上，让儿童从他们的角度自由表达对公共图书馆儿童服务的看法，并依此提供图书馆服务。

---

① 吴晓东,倪文尖,罗岗. 现代小说研究的诗学视域[J]. 中国现代文学研究丛刊, 1999（1）:67-80.

② 黄力. 我心目中的学校——儿童视角的教育研究[M]. 北京:光明日报出版社, 2011:18.

③ 余祥. 儿童视角下的幼儿园区域活动评价环节探究[J]. 教育教学论坛,2014（31）:252-253.

④ 杜小凤. 儿童视角的幼儿园教育质量评价研究[D]. 成都:四川师范大学,2015:3.

1.3.2 儿童话语权

本书基于"儿童视角"展开，必然涉及成人与儿童的权力关系问题，因此，本部分首先对儿童相关的权力关系与话语成规进行梳理，还原儿童本身具备的权力并展示围绕儿童权力的话语体系，再对儿童话语权尝试进行定义。

1.3.2.1 西方哲学话语中的"有缺陷的儿童"

自福柯及其话语分析（discourse analysis）方法始，哲学领域出现了若干对知识与权力关系的反思，揭示了大量的话语体系实为知识与权力相互缠绕建构的产物。在这样的背景下，儿童相关的话语也成为哲学研究者们分析的对象。

Archard 的《儿童：权利与童年》（*Children：Rights and Childhood*）被认为是第一部从哲学层面论述儿童及其权力的专著[1]。书中对百年来童年概念的发展、儿童自由与权力、儿童与父母的权力关系等进行了讨论。Archard 总结认为每个儿童至少有权接受最好的养育，否认家长比儿童拥有更多的权利，并挑战了当时国家和家庭在养育儿童中的角色[2]。

Burroughs 的博士论文梳理了西方哲学中与儿童相关的话语[3]。他指出，西方哲学对儿童的讨论充满了悖论：关于儿童的主题可以产生一篇论文、一套方法论、一个道德发展策略或教育体系但通篇不考虑任何儿童自己的权力。西方哲学家们一直没有（或者根本不认为有必要）去建构一个儿童的正向概念（positive conception），即专注于儿童的特质且仅关乎于儿童（相对成人而言）的概念，因为以往的儿童总是被形容为成人的反面。取而代之的是，有关儿童的讨论一般涉及两套体系：①儿童是与成人

---

[1] ROUTLEDGE. Children：rights and childhood[EB/OL]. Routledge & CRC Press，[2021−06−17]. https：//www.routledge.com/Children-Rights-and-Childhood/Archard/p/book/9780415724869.

[2] ARCHARD D. Children：rights and childhood[M]. London：Routledge Press，1993.

[3] BURROUGHS M D. Ideal adults，deficient children：the discourse on the child in western philosophy[D]. Tennessee：The University of Memphis，2012.

相对而言的概念。相对于成人而言，无论在讨论儿童的教育、道德或政治领域，儿童都是有缺陷的，是成人优势的对立面。儿童是不（像成人一般）理智的、不（像成人一般）道德的、不（像成人一般）存在公民意识的。简言之，儿童是"非成人的"，缺乏（或只是拥有原始的）成人的品质。②正是因为儿童是"非成人的"，他们就被视为"随时准备好被改造的"（being-to-be-transformed）。如果儿童是有动物性的、被原始本能驱使、缺乏自主性和与别人合作的能力的，那么他就没有能力来维持成人的道德品质与政治传统。基于这样的情况，成人就必须修正并改造儿童。因此，教育、道德与政治发展是常常讨论儿童的领域。只有通过精细的计划来进行教育与改造，儿童才可以掩盖住他们有缺陷的本性并最终成年。无论是"非成人的"还是"需要准备好被改造的"都产生了西方哲学话语中的"有缺陷的儿童"（deficient child）。

西方哲学话语体系中的儿童一直被置于以成人为中心的道德与政治概念之中，就好像女性一直被置于以男性为中心的各种概念中处理。但是对于这种传统，Burroughs在论文中并无意于提供与以往哲人相反的关于儿童与童年的理解。他假设儿童的天性是无法被总体地理解的，因此也不想尝试把有缺陷的儿童替换成理性的或者道德的儿童形象。他认为我们不了解儿童，也不知道他们参与人类道德与政治领域的可能性。他只知道在以往的西方哲学话语中，儿童在"非成人的"与"准备好被改造的"之外并没有任何容身之地，儿童一直被剥离了各种作为道德与政治参与者的可能性。Burroughs认为这种缺乏儿童在这些领域上具有能力的认知是导致当前很多儿童被认为在道德和政治方面具有缺陷的主要原因①。

最后，Burroughs提出要超越成年霸权，听从儿童的声音并重新考虑儿童的各种可能性。他介绍了一种为儿童创建开放空间以避免将儿童视为有缺陷的主体的方法，即通过听取儿童的声音（而不是专注于修正儿童或制定成人的道德与政治标准）获得在道德、政治与哲学领域重塑儿童概念

① BURROUGHS M D. Ideal adults，deficient children：the discourse on the child in Western philosophy[D]. Tennessee：The University of Memphis，2012：1-2.

的可能性。如果儿童被视为具有处理与按照道德、政治与哲学知识行动的能力的主体，那么反过来，被这么看待的儿童也将自己视为潜在的道德、政治与哲学领域的行动者。因此Burroughs提出哲学家必须要在理论与实践两方面听取儿童的声音。他希望借此逐步瓦解"有缺陷的儿童"的形象，并最终不以成人的条件与情况来认识儿童①。

1.3.2.2 政策中儿童相关话语的变迁

与哲学领域对儿童描述的话语变迁相呼应，作为规范各组织行为的政策也历经了多次变革。从1924年《日内瓦儿童权利宣言》主张儿童应受到特殊照顾到1959年《儿童权利宣言》主张保护各国儿童权利，再到1989年联合国《儿童权利公约》提出各国应保障拥有表达自己观点能力的儿童具有在与其相关的事务中自由表达他们观点的权利，可以看出儿童的角色和地位从边缘化、需要受到"特殊照顾"，到其权利开始具有天然正当性的改变②。

21世纪初，我国出台了《幼儿园教育指导纲要（试行）》③，其中就有幼儿园教育应尊重幼儿的人格和权利的明确规定。2012年的《3—6岁儿童学习与发展指南》④更加明确地提出"成人要耐心倾听别人（包括幼儿）的讲话，等别人讲完再表达自己的观点"，"与幼儿交谈时，要用幼儿能听得懂的语言"，"尊重和接纳幼儿的说话方式，无论幼儿的表达水平如何，都应认真地倾听并给予积极的回应"，"鼓励幼儿将自己感兴趣的事情或故事画下来并讲给别人听，让幼儿体会写写画画的方式可以表达自己的想法和情感"。我国第三个"儿童发展纲要"《中国儿童发展纲要（2011—2020

---

① BURROUGHS M D. Ideal adults，deficient children：the discourse on the child in Western philosophy[D]. Tennessee：The University of Memphis，2012：190-207.

② 王翩然，徐建华，李耀昌. 倾听儿童的声音：让儿童成为自己图书馆的评价主体[J]. 中国图书馆学报，2017，43（5）：102-115.

③ 中华人民共和国教育部. 幼儿园教育指导纲要（试行）[EB/OL]. [2021-06-06]. http://www.moe.gov.cn/jyb_sjzl/moe_364/moe_302/moe_309/tnull_1506.html.

④ 中华人民共和国教育部. 教育部关于印发《3—6岁儿童学习与发展指南》的通知[EB/OL]. [2021-06-06]. http://www.moe.gov.cn/srcsite/A06/s3327/201210/t20121009_143254.html.

年）》[①]，首次将"儿童优先原则"列入纲要，作为中国政府促进儿童发展的基本原则之一。所谓儿童优先原则，指的是在制定法律法规、政策规划和配置公共资源等方面优先考虑儿童的利益和需求[②]。从这些文件中可以看到我国的政策也开始转向对儿童权利的认可与维护。

美国儿童图书馆服务协会（Association for Library Service to Children，简称ALSC）的儿童图书馆员职业胜任力相关规范于1988年起草，1989年颁布，并历经1999、2009、2015年3次修订。通过对5个版本的对比（见表1-1）可以看到，ALSC教育委员会对儿童图书馆员职业胜任力的描述变化进行了两次较大调整：①1989年正式颁布版本中删除了"基于对材料和使用者的了解"。②2009年删除之前的表述，改换新的描述。第二次的调整尤其反映了儿童相关话语变迁的趋势，即逐渐削弱成人的控制地位。图书馆员由之前的"匹配"读者与材料，变为了"确保"读者能够获得全部的材料，实际上是将获得与选择材料的权力退还给儿童读者。这样的表达使成人"退居幕后"，让儿童在图书馆中拥有更多的权力[③]。

表1-1　美国儿童图书馆服务协会的儿童图书馆员职业胜任力描述变化

版本	原文	译文
1988年草稿	Based on knowledge of materials and users, is able to match patrons with materials appropriate to their interests and ability	基于对材料和使用者的了解，能够为用户匹配适合他们兴趣和能力的材料
1989年第一版	Matches patrons with materials appropriate to their interest and ability	为用户匹配适合他们兴趣和能力的材料

---

① 国务院. 国务院关于印发中国妇女发展纲要和中国儿童发展纲要的通知_2011年第23号国务院公报_中国政府网[EB/OL]. [2021-06-06]. http://www.gov.cn/gongbao/content/2011/content_1927200.htm.

② 范并思. 拓展图书馆未成年人阅读服务[J]. 图书与情报,2013（2）:2-5.

③ 王翩然,徐建华,李耀昌. 倾听儿童的声音:让儿童成为自己图书馆的评价主体[J]. 中国图书馆学报,2017,43（5）:102-115.

续表

版本	原文	译文
1999年 第一次修订版	Matches children and their families with materials appropriate to their interest and abilities	为孩子和他们的家庭匹配适合他们兴趣和能力的材料
2009年 第二次修订版	Ensures that children have full access to library materials, resources, and services as prescribed by *the Library Bill of Rights*	确保儿童能充分使用《图书馆权利法案》所规定的图书馆材料、资源和服务
2015年 第三次修订版	Ensures that all children have full access to library materials, resources, and services as prescribed by the ALA's *Library Bill of Rights* and its interpretations	确保所有儿童都能充分使用美国图书馆协会《图书馆权利法案》及其解释所规定的图书馆材料、资源和服务

资料来源：作者根据ALSC的儿童图书馆员职业胜任力文件整理。

1.3.2.3 儿童与成人的权力关系

任何关乎儿童的研究，都无可避免地会遇到处理成人（研究者、从业人员、家长等）与儿童权力关系的情况，因此需要在这方面时刻保持警醒。

2011年，澳大利亚联合护理组织的伯恩赛德分支机构开展了一项儿童主导的研究。在儿童主导的研究中，儿童是研究者，而成人负责支持儿童自主地探索知识。成人视儿童为积极的社会成员与研究者，成人向儿童分享专业知识与（成人的）研究技能。研究者们特别强调在这个项目中，成人与儿童的关系不仅仅是交互（interaction），这就涉及权力的问题。儿童主导的研究中，"儿童与成人"权力关系不同于以往的模式，成人一般要花费大量的时间、若干阶段并"随时准备好将自己纳入儿童的研究进程之中"。这种合作模式很好地缓和了"被试者与研究者""儿童与成人"的权力不均问题，也开始使儿童获得权力。在这种模式中，需要极力克服的是成人固有的经济地位与阶层导致的权力不均问题。当与一般被认为是弱势群体的儿童合作的时候，成人带有的权力对这种合作模式产生的影响是至关重要的。研究者承认，儿童与成人权力的平衡对儿童主导的研究十分重要，这种权力关系是儿童主导的研究的奠基[①]。

Cockburn与Roche均指出，儿童一直被排除在"公民"（citizenship）的定义之外，然而最近几年有观点开始认为可以将儿童纳入公民这一范围之中，并强调儿童与成人是相互联通、相互依赖的同一群体[②]。Devine认为，这样的观点挑战了所有将儿童视为没有能力实施他们自己的权力的假设，并且将儿童的能力置于权力与控制的话语体系之下，认为他们同样可以处理与成人的关系[③]。

Devine进行了一项关于小学生如何定义他们自己公民身份的调查，他提到，儿童如何定义自己的公民身份受到了与儿童和童年相关话语的影响，这些话语控制着儿童的世界。如果想要探寻这个世界，就需要考虑权力与控制的动力关系（dynamics of power and control），也就是成人与儿童、老师与学生的关系。

Devine认为，将吉登斯的理论施用于学校情境下有意义的社会结构指的是成人带给孩子的话语模式与典型范例，合法化的社会结构指的是通过社会化进程传递给孩子们的规范标准。处于统治地位的社会结构指的是成人的能力，通过掌控分配性资源与命令性资源实现，影响孩子们的身份认同形成。这些处于统治地位的社会结构源自成人比儿童拥有更多的经济权力（分配性资源），能够控制儿童的行动与活动的能力（命令性资源）则来源于成人在社会阶层中的上级地位。当儿童被赋予了接受学校

---

① MICHAIL S, KELLETT M. Child-led research in the context of Australian social welfare practice[J]. Child & family social work, 2015, 20（4）: 387-395.

② COCKBURN T. Children and citizenship in Britain: a case for a socially interdependent model of citizenship[J]. Childhood, 1998, 5（1）: 99-117; ROCHE J. Children: rights, participation and citizenship[J]. Childhood, 2001, 50（4）: 191-192.

③ DEVINE D. Children's citizenship and the structuring of adult-child relations in the primary school[J]. Childhood, 2002, 9（3）: 303-320.

教育的义务后，成人利用命令性资源来控制儿童的交往（包括与老师和同辈的社会关系）、时间与空间使用（包括课程与教育实践）。在儿童反映的过程中，无论是抗拒还是接受，儿童都开始了对于在学校所拥有的权力与地位的身份认同。

儿童通过持续性的评估与监督自己的行为是否满足他人的期待与评估来不断找寻自己在社会结构中的位置。这一过程被吉登斯称为反思性监控，指的是内嵌于所有社会行动中的能动性，即社会结构通过充满知识的人类行动被生产、再生产或转化，产生了预期之中与非预期的行动后果。这种社会结构与能动性之间的相关关系具有二重性，即社会结构是人们行动得以进行的前提和中介。

无论儿童还是成人，都是在这种结构下处理其与对方之间的权力关系，这也就造成了儿童与成人权力不均的现象，需要我们在研究中时刻自省，以降低这一现象造成的影响。

1.3.2.4　本书对儿童话语权的定义

根据前文对儿童话语体系、儿童与成人权力关系的梳理，本书对儿童话语权的理解是以联合国《儿童权利公约》中第一部分第十二条为基础。《儿童权利公约》规定："缔约国应确保有主见能力的儿童有权对影响到其本人的一切事项自由发表自己的意见，对儿童的意见应按照其年龄和成熟程度给以适当的看待。"[①]

儿童话语权是指儿童自由、自主、充分地表达其思想、观念、态度与情感的一种言说权利或行为权利[②]。由于儿童的语言能力尚处于发展阶段，常常无法清晰地用语言表达自己的观点，在成人本位的话语体系下，儿童被视为无法表达的群体，因而一直以来被剥夺了话语权。但是，除了语言表达之外，儿童还能够通过丰富的形式表达他们的观点与态度，包括行动、艺术创作、情感表达等。

---

① UNICEF.《儿童权利公约》导言[EB/OL].[2016-11-22].https://www.unicef.org/chinese/crc/index_30160.html.

② 刘树娜.我国儿童话语权问题初探[D].南京:南京师范大学,2015:5.

1.3.3 学龄前儿童

学龄前儿童一般是指尚未达到小学年龄的儿童[①]。我国儿童的小学入学年龄一般为6—7岁，因此在我国，学龄前儿童指7岁以前的儿童。同时，《国际图联0—18岁儿童图书馆服务指南》[②]特别指出，婴儿（baby）和蹒跚学步期儿童（toddler）两个年龄段儿童的生理、心理发展均具有较大的差异，因此面向不同年龄段儿童的图书馆服务不能一概而论，本书将学龄前儿童定义为3—6岁的儿童。

国内外均有大量关于学龄前儿童身心发展特征的介绍。教育学家皮亚杰的儿童认知发展理论将2—7岁的儿童发展阶段命名为前运演阶段（preoperational stage）[③]，这一阶段最明显的变化是心理表征、语言和假装游戏的快速发展。信息加工学说也是当代关注人的发展的理论，这派理论认为，学龄前儿童的表征和指导自己行为能力的进步使注意、操控信息和解决问题的方式更有效。此外，在这一阶段，儿童的社会性有了较大的发展，父母帮助儿童完成自我理解、情绪发展、道德发展、性别角色认同等。在这一时期，儿童的同伴交往越来越多，从非社交活动进入平行游戏，然后进行联合游戏与合作游戏[④]。

我国的《3—6岁儿童学习与发展指南》详细地介绍了学龄前儿童的发展特征，并给出了具体的教育建议（见表1-2）[⑤]。

---

① MERRIAM-WEBSTER. Definition of PRESCHOOL[EB/OL]. [2021-06-06]. https://www.merriam-webster.com/dictionary/preschool.

② RANKIN C. IFLA guidelines for library services to children aged 0-18[EB/OL]. [2020-12-04]. https://www.ifla.org/publications/node/67343?og=51.

③ 伯克. 伯克毕生发展心理学：从0岁到青少年[M]. 4版. 陈会昌，等译. 北京：中国人民大学出版社，2014：237.

④ 伯克. 伯克毕生发展心理学：从0岁到青少年[M]. 4版. 陈会昌，等译. 北京：中国人民大学出版社，2014：226-307.

⑤ 3—6岁儿童学习与发展指南[EB/OL]. [2016-12-17]. http://www.edu.cn/xue_qian_779/20121016/t20121016_856526.shtml.

表1-2 学龄前各年龄段儿童发展特征（部分）

目标	3—4岁	4—5岁	5—6岁
愿意讲话并能清楚地表达	①愿意在熟悉的人面前说话，能大方地与人打招呼。②基本会说本民族或本地区的语言。③愿意表达自己的需要和想法，必要时能配以手势动作。④能口齿清楚地说儿歌、童谣或复述简短的故事	①愿意与他人交谈，喜欢谈论自己感兴趣的话题。②会说本民族或本地区的语言，基本会说普通话。少数民族聚居地区幼儿会用普通话进行日常会话。③能基本完整地讲述自己的所见所闻和经历的事情。④讲述比较连贯	①愿意与他人讨论问题，敢在众人面前说话。②会说本民族或本地区的语言和普通话，发音正确清晰。少数民族聚居地区幼儿基本会说普通话。③能有序、连贯、清楚地讲述一件事情。④讲述时能使用常见的形容词、同义词等，语言比较生动
具有书面表达的愿望和初步技能	喜欢用涂涂画画表达一定的意思	①愿意用图画和符号表达自己的愿望和想法。②在成人提醒下，写写画画时姿势正确	①愿意用图画和符号表现事物或故事。②会正确书写自己的名字。③写画时姿势正确
愿意与人交往	①愿意与小朋友一起游戏。②愿意与熟悉的长辈一起活动	①喜欢和小朋友一起游戏，有经常一起玩的小伙伴。②喜欢和长辈交谈，有事愿意告诉长辈	①有自己的好朋友，也喜欢结交新朋友。②有问题愿意向别人请教。③有高兴的或有趣的事愿意和大家分享
遵守基本的行为规范	①在提醒下，能遵守游戏和公共场所的规则。②知道不经允许不能拿别人的东西，借别人的东西要归还。③在成人提醒下，爱护玩具和其他物品	①感受规则的意义，并能基本遵守规则。②不私自拿不属于自己的东西。③知道说谎是不对的。④知道接受了的任务要努力完成。⑤在提醒下，能节约粮食、水电等	①理解规则的意义，能与同伴协商制定游戏和活动规则。②爱惜物品，用别人的东西时也知道爱护。③做了错事敢于承认，不说谎。④能认真负责地完成自己所接受的任务。⑤爱护身边的环境，注意节约资源

资料来源：3—6岁儿童学习与发展指南［EB/OL］.［2016-12-17］.http：//www.edu.cn/ xue_qian_779/20121016/t20121016_856526.shtml.

除了一般的学龄前儿童发展规律与特征外，很多从事学龄前儿童研究的学者也提出了将学龄前儿童纳入研究中需要注意的方面。如，Druin通过研究体会到儿童关于技术的反馈与评论都是非常诚实的，但他们的语言内容需要结合具体经历进行解读[①]。Markopoulos等人提出在进行有关学龄前儿童的研究时需要注意如下儿童的特征：①语言表达的能力与意愿，包括儿童内外向性格特征所带来的报告问题的多寡，建议测试者直接检测并控制儿童的内外向性格与表达能力变量；②集中注意力的能力，不同复杂度与规模的任务要考虑到儿童的年龄适合程度，Hanna等人认为低龄儿童的注意力一般只有30分钟；③动力问题，一些年龄较小的儿童可能会为了取悦成人而影响对结果的报告；④适应新环境与周围事物的能力，噪音、实验环境中的其他儿童或事物都有可能吸引儿童的注意力，因此，研究者建议给儿童一些时间适应新的环境，并让家长在旁陪伴；⑤对于自己报告内容的信心，儿童有时候会对自己报告一些"不好"的东西而感觉不舒服；⑥抽象与逻辑思维能力，因此李克特量表是否适用还没有充足的证据；⑦监控进度完成情况，儿童需要很长的时间才能够建立检查任务完成情况、成果进度的能力；⑧性别差异，研究发现，女孩子比男孩子说得更多，而且能够提供更多论据，此外，男女孩有不一样的评价标准，因为他们喜欢的产品与活动都不一样；⑨语言与概念的知识，因为儿童的知识与语言正在发展，合适的语言与词汇能力对于保证儿童能够理解研究者希望从他们那里获得什么至关重要；⑩知识与技能，有研究者表示，之前使用过电脑的孩子对电脑展现出更多的积极态度与热情，并且在报告问题时有更多的自信[②]。也有研究者发现成人—儿童权力体系可能影响研究结论的潜在问题：儿童总是否认他们为自己发声的权力，这是因为他们接受自己被人们认为缺乏判断的能力，或者是由于他们总是被教导其关于自身生活的智慧是不可靠的[③]。

---

① DRUIN A. The role of children in the design of new technology[J]. Behaviour and information technology, 2002, 21（1）:1-25.

② MARKOPOULOS P, BEKKER M. On the assessment of usability testing methods for children[J]. Interacting with computers, 2003, 15（2）:227-243.

③ QVORTRUP J, BARDY M, SGRITTA G, et al. Childhood matters[M]. Vienna: European Centre, 1994:43.

上述论述提示我们，涉及学龄前儿童的研究需要首先关注学龄前儿童的发展规律与特征，同时考虑到他们作为研究参与者的特点，注意研究者作为成人与学龄前儿童作为研究参与者之间的权力关系问题。

1.3.4 图式理论

图式（schema）是皮亚杰的发展认识论的核心概念。他认为，主体接收外界刺激后，心理结构会做出相应的调整，使主体越来越适应外部现实。这种心理结构就是图式，描述的是组织信息分类与信息之间关系结构的思维或行为模式[①]。皮亚杰认为，初生的婴儿已经具有了简单的图式系统。通过各种活动，初始的图式通过同化、顺应的调节机制不断调整与发展来适应新环境。在此期间，最初的图式能够分化为多个图式的协同活动，并能建立新的图式和调整原有图式。图式的不断扩展，使得结构越来越复杂，最后达成逻辑结构[②]。举例而言，婴儿对于"扔"这个动作的初始图式可能仅仅是松开手东西会落下；经过了多次的尝试后，婴儿发现扔不同材质的东西会带来不同的声音，通过这些外部刺激，"扔"的图式增加了不同材质带来的认知结构改变，在这一图式指导下的扔的动作也变得丰富了起来，物品材质的不同而导致不同的扔的动作的产生；待到孩子接触了物理知识后，"扔"的图式被进一步丰富，孩子的思维与行为模式也随之变化，这就是图式作用于人的思维与行为的发展过程。

通过个体与环境的不断作用，图式会对外部刺激产生反应，包括互补性的同化与顺应两种活动。同化是个体用已有的图式去解释外部世界，顺应是建立新的图式或调整旧图式使其适应外部环境。皮亚杰指出，同化与顺应之间的均衡随着时间而变化。当儿童自己的变化很小时，同化多于顺应，皮亚杰将这个状态称为认知平衡，意指一种稳定、适当的状态。在认知迅速变化期，儿童处于失衡或认知不适状态。这时的儿童发现，新信息与自己已

---

① DIMAGGIO P. Culture and cognition[J]. Metaphilosophy, 1997, 23（1/2）: 263-287.

② 皮亚杰. 发生认识论原理[M]. 北京: 商务印书馆, 1981: 3-4.

有的图式不匹配，因此从同化转为了顺应。一旦调整了原有图式，就会重新回到同化状态，对新形成的结构进行练习，直到下一次调整图式①。

皮亚杰的图式理论用于解释儿童在面对环境时心理认知结构的动态平衡过程。在儿童适应环境的过程中，图式不断地调整并复杂化，从初生时简单的、条件反射性质的图式发展至12岁左右具备能够进行主体运演和理解客体因果联系能力的图式②，儿童的心理认知水平也随之提高。

1.3.5 公共图书馆儿童服务

2003年版《国际图联儿童图书馆服务发展指南》和2018年版《国际图联0—18岁儿童图书馆服务指南》指出公共图书馆儿童服务的使命，共同构成了本书对公共图书馆儿童服务理解的基础。前者指出"通过提供大量的资料和举办各种活动，图书馆为儿童提供了一个体验阅读的乐趣、探索知识和丰富想象力的机会。公共图书馆应培养孩子和家长们充分利用图书馆的能力以及使用纸质和电子载体资源的技能。公共图书馆负有支持儿童学会阅读、为他们推荐书籍和其他载体资料的特殊责任。公共图书馆必须为儿童开展如讲故事之类的一些特别活动，以及开展与图书馆服务和资源相关的其他活动。应该鼓励孩子们从小使用图书馆，因为这样就更有可能使他们日后一直成为图书馆的忠实读者。在使用多种语言的国家里，应该为儿童提供他们母语的图书和视听资料"③。后者指出"儿童图书馆的使命是成为一个信息、学习和文化中心，为多元文化社区的儿童及他们的家人和照顾者提供相关语言的、适合其年龄和能力的信息、活动和服务的有效获取途径。支持读写、学习和阅读被公认为是实现这一使命的关键"④。

---

① 伯克.伯克毕生发展心理学:从0岁到青少年[M].4版.陈会昌,等译.北京:中国人民大学出版社,2014:159.

② 皮亚杰.发生认识论原理[M].北京:商务印书馆,1981:64.

③ IFLA. Guidelines for children's library services[EB/OL].［2020-12-04］. http://www.ifla.org/publications/guidelines-for-children-s-library-services.

④ RANKIN C. IFLA guidelines for library services to children aged 0-18/revised vision（2018）[EB/OL].［2020-12-04］. https://www.ifla.org/publications/node/67343?og=51.

比较两份文件，有研究者认为公共图书馆存在的目的及其使命没有发生根本性改变，仍然致力于平等、自由地获取信息和知识，支持扫盲、学习和阅读[①]。不过，可以看出随时代发展儿童图书馆侧重点的不同，前者更加强调阅读及围绕阅读开展的服务与活动，后者则更多地提及图书馆在支持儿童获取信息与学习、文化方面的使命。

根据《儿童权利公约》，儿童是指18岁以下的任何人[②]。因此，在本书中，图书馆儿童服务是指图书馆针对所有0—18岁儿童提供的服务，涵盖针对3—6岁学龄前儿童服务范围。在我国的少年儿童图书馆与一些专业化程度较高的公共图书馆的少年儿童部中设有独立的3—6岁儿童图书阅览室，作为开展学龄前儿童服务的区域，一般公共图书馆则不做细分。

1.4 本书的研究问题与研究意义

1.4.1 研究问题

研究的整体目标是揭示学龄前儿童视角中的公共图书馆儿童服务，获得他们对公共图书馆儿童服务的看法与态度，据此提炼出学龄前儿童对公共图书馆儿童服务的整体性认知。在此基础上，提出公共图书馆的儿童服务需要重点改进的方面，以求从学龄前儿童的角度改善公共图书馆的学龄前儿童服务，使其更加贴近学龄前儿童的认知特征与喜好。因此，本书需要具体回答以下问题：

问题1：学龄前儿童能够注意到哪些图书馆儿童服务？这一问题意在探索学龄前儿童对公共图书馆儿童服务的感知情况，还原学龄前儿童视角中的公共图书馆儿童服务。

---

① 方诗雅,范并思. 图书馆未成年人服务理念的新发展———《国际图联0—18岁儿童图书馆服务指南》的启示[J]. 图书馆论坛,2019,39（9）:93-99.

② 儿童权利公约[EB/OL]. [2018-12-07]. https://www.un.org/zh/documents/treaty/files/A-RES-44-25.shtml.

问题2：学龄前儿童对当前公共图书馆儿童服务持怎样的态度？这一问题是在了解学龄前儿童对图书馆基本认识的基础上，进一步考察他们对图书馆服务的态度，即他们喜欢图书馆中的哪些部分、不喜欢哪些部分。

问题3：学龄前儿童对公共图书馆儿童服务的整体认知是什么？是否与图书馆界对图书馆儿童服务的定位一致？在回答了前两个问题的基础上，本书尝试从中提炼学龄前儿童对公共图书馆儿童服务的整体性认知，并将其与当前图书馆界对图书馆儿童服务的定位相比较，判断二者之间是否存在差异。

问题4：基于学龄前儿童的视角，当前公共图书馆的儿童服务可以有哪些改进？在上述所有问题得到回答的基础上，可以得到学龄前儿童在公共图书馆中关注的内容，并根据学龄前儿童的看法及其自身发展阶段特征提出改进措施。

1.4.2　研究意义

1.4.2.1　理论意义

（1）揭示学龄前儿童对公共图书馆儿童服务的整体认知

调查学龄前儿童有关图书馆的整体认知可以帮助我们了解处于学龄前阶段的读者对图书馆的认知结构，并比对这种认知是否与图书馆界希望传达给他们的图书馆定位一致。此外，学龄前阶段正是人一生中图式调整的活跃时期，揭示学龄前儿童有关于公共图书馆的整体认知也有助于我们调整策略，更好地向学龄前儿童读者传递图书馆的定位，帮助他们丰富有关图书馆的理解，充分了解图书馆，以培养对图书馆的亲近感，成为终身用户。

（2）建构图书馆学术界与实践界中以儿童视角为核心的话语体系

在以往的儿童研究与活动中，儿童是为了成为成人而存在的一个阶段，并不是以一个当下完整的、独立的、有能力的个体而出现的，研究者在研究儿童时，并没有做出倾听儿童的尝试，只是以成人的眼光去审视儿童及儿童社会[1]。

相应的，无论从学术研究、专业教育还是实践活动来看，当前的图书馆界都显示出缺乏以儿童视角为核心的意识。因此，本书尝试建构起一套以儿童为核心的、尊重儿童在图书馆中话语权的话语体系，并以此逐步改变当前图书馆界儿童服务的相关研究。

1.4.2.2 实践意义

（1）保障儿童的话语权

联合国《儿童权利公约》详细叙述了任何地方的儿童都拥有的基本人权，包括充分参与家庭、文化和社会生活权。四项核心原则是不歧视；致力于实现儿童的最大利益；生命、生存和发展权利；尊重儿童观点[2]。《中华人民共和国未成年人保护法》也强调未成年人享有参与权[3]。根据这两项对世界与我国儿童权利具有基础地位的政策，儿童的参与权与对他们相关事务的话语权必须得到保障。

保障儿童的话语权并非口号，需要身体力行地让其落到实处。对于图书馆领域而言，在与儿童相关的公共图书馆事务中关注他们的感受、倾听他们的声音、帮助他们充分表达自己的看法，才能够保障儿童话语权。这也是本书为图书馆领域做出的尝试。

（2）促进儿童参与图书馆事务

《国际图联儿童图书馆服务发展指南》提出，好的儿童图书馆应能帮助儿童获得信息素养和终生学习的能力，使他们能够融入社会并为社会做出贡献[4]。IFLA与UNESCO共同发布的《公共图书馆服务发展指南》指出，应该鼓励孩子们从小使用图书馆，因为这样就更有可能使他们日后一直成

---

① 莫迪.儿童视角研究：儿童研究的新转向[D].上海：华东师范大学，2015：2.

② UNICEF.《儿童权利公约》导言[EB/OL].[2016-11-22].https://www.unicef.org/chinese/crc/index_30160.html.

③ 中华人民共和国未成年人保护法（全文）[EB/OL].[2016-11-22].http://www.china.com.cn/policy/txt/2006-12/30/content_7582808.htm.

④ IFLA. Guidelines for professional library/information educational programs[EB/OL].[2020-12-12].https://www.ifla.org/files/assets/set/publications/guidelines/guidelines-for-professional-library-information-educational-programs.pdf.

为图书馆的忠实读者[①]。

儿童通过参与图书馆规划与活动而表达他们对图书馆服务的看法，这样有助于少年儿童成长发展。Jones认为，当少年儿童参与这些活动时，他们充分调动了他们的天赋、技巧与兴趣并向他们所在的社群证明其价值，同时也获得了为社群做贡献的机会[②]。Holt等人在学龄儿童对图书馆网站的使用评估研究中指出，早先的公共图书馆学龄儿童活动项目设计很大程度取决于图书馆员的智慧。图书馆员根据自己的经验判断活动效果，他们衡量服务与活动成功与否的标准是儿童是否前来、家长是否看起来满意[③]。对于图书馆网站的设计，他们建议如果图书馆员吸引年轻读者们使用图书馆网站，那么他们就必须积极地让少年儿童参与到"有责任感的行动与有影响力的决策中，以使图书馆与信息服务更好地被设计与传递给同龄人与社群"。图书馆需要通过网站建设的全阶段（包括设计规划、应用推广、测试评估）邀请少年儿童参与以增强他们的参与感[④]。

使儿童参与图书馆事务，能够带给儿童参与感与自我价值感，这些感觉能够将儿童与图书馆的发展联结在一起，使儿童对图书馆产生认同感，也有利于今后服务的开展与终身读者的培养。

（3）促进公共图书馆职业使命的实现

于良芝将国际上有关公共图书馆使命的陈述归纳总结为教育使命、面向具体问题的信息保障使命、文化传播使命、促进社区凝聚和社会和谐使命、培养阅读习惯使命、基本文化素养（读写能力）和信息素养培育使命[⑤]。本书的研究成果可以用于促进公共图书馆两方面职业使命的实现：

① The public library service：the IFLA/UNESCO guidelines for development 2001[EB/OL]. [2016-12-14]. http://www.ifla.org/publications/node/1029.

② JONES P. New directions for library service to young adults[M]. Chicago：ALA Editions，2002：11.

③④ HUGHES-HASSELL S，MILLER E T. Public library web sites for young adults：meeting the needs of today's teens online[J]. Library & information science research，2003，25（2）：143-156.

⑤ 于良芝. 图书馆情报学概论[M]. 北京：国家图书馆出版社，2016：251-252.

①教育使命。于良芝提出，20世纪40—50年代，西方国家教育的目标就开始强调学生能力的培养，而不是简单的知识传授。所谓能力培养就是要切实赋予学生作为合格公民的各种能力，如批判分析能力、发现问题的能力、解决问题的能力、创新能力、交流能力、自学能力等。学龄前儿童处于为正规教育做准备的时期，参与图书馆事务能够帮助他们从小培养批判分析、发现问题与交流等能力，是公共图书馆教育使命的延展。

②促进社区凝聚和社会和谐使命。图书馆围绕社会和谐使命而设计的服务，就是以促进社区成员之间的交流、提升人们的公民意识和参与度为终极目标，以社区调研、用户需求以及相关社会学理论为依据，开发利用图书馆的各类资源。使儿童参与图书馆的工作与决策，有助于促进儿童公民意识的萌发，同时也为社区做出了贡献。

（4）补充与完善公共图书馆服务评价体系，为提升公共图书馆未成年人服务质量提供依据

调查学龄前儿童视角下的公共图书馆服务，能够帮助图书馆政策制定者、从业者、研究者了解学龄前儿童如何看待公共图书馆的儿童服务，切实从儿童的角度出发做出相应的改变与调整，为学龄前儿童提供更适合且更具针对性的服务，最终目的是"使每个孩子熟悉和乐于使用当地的图书馆"①。

当前图书馆未成年人服务以成人视角为主导，导致显性与潜在的若干问题。儿童视角的加入，可以真正做到以用户需求为驱动，以用户评价为导向，对服务的设计、施行等每一个环节进行改造与优化，从而提升图书馆的未成年人服务。

本书强调儿童视角不是为了颠覆成人所拥有的相关专业知识，而是希望图书馆行业的政策制定者、从业者、研究者等意识到当需要得到图书馆未成年人服务如何的答案时，儿童才是最有权力发言的群体。因此，笔者希望本书的成果能够加入图书馆未成年人服务的评价体系中去，以用户

---

① IFLA. Guidelines for professional library/information educational programs[EB/OL]. [2020-12-12]. https://www.ifla.org/files/assets/set/publications/guidelines/guidelines-for-professional-library-information-educational-programs.pdf.

（即儿童）的体验与专家的知识共同提升图书馆儿童服务质量。

1.5 本书结构

本书以揭示学龄前儿童视角中的公共图书馆儿童服务为目标，将研究拆分为学龄前儿童对图书馆的感知与学龄前儿童对图书馆服务的偏好两个部分，进行实证研究。在此基础上，综合研究发现、学龄前儿童的发展规律与认知特征以及图书馆界的相关理论与实践经验，提出公共图书馆的儿童服务的改进建议。具体结构如下：

第一部分，引言。首先陈述研究背景，介绍本书涉及的概念与定义，梳理研究所依托的话语体系与思想基础。在此基础上提出研究问题，说明研究的理论与实践意义。

第二部分，研究回顾。根据研究目的对已有相关研究进行综述，主要包含4个部分：学龄前儿童视角的研究内容、针对学龄前儿童的研究方法、学龄前儿童对图书馆的认知、学龄前儿童对图书馆服务的评价。前两个部分作为研究设计的参考依据，后两个部分是在图书馆学领域内与本书具有类似研究目的的研究梳理。

第三部分，学龄前儿童对图书馆儿童服务的感知。为了揭示学龄前儿童视角中的公共图书馆儿童服务，本书使用马赛克方法，综合运用摄影、访谈、绘画的方法，还原了学龄前儿童对公共图书馆儿童服务的认知。

第四部分，学龄前儿童对图书馆儿童服务的偏好。该章探索学龄前儿童在图书馆中喜欢的服务内容及理由。这部分研究将图书馆服务细分为图书馆日常服务与图书馆活动两个部分，使用阶梯法通过不断追问获得受访儿童偏好的图书馆服务内容及其动机。在此基础上，使用阶梯法的定量与定性相结合的数据分析方法，构建学龄前儿童对公共图书馆日常服务与图书馆活动偏好的等级价值图，以更全面地揭示学龄前儿童对图书馆服务的看法。

第五部分，学龄前儿童对图书馆儿童服务的整体认知。综合第三部分与第四部分的研究结果，可以得到学龄前儿童对公共图书馆儿童服务的感知与态度。该章对之前的研究结果进行分析，尝试还原学龄前儿童有关公共图书馆儿童服务的整体认知。同时，将学龄前儿童的整体认知与成人专家对图书馆儿童服务的定位相比较，判断二者之间是否存在差异。

第六部分，基于学龄前儿童视角的图书馆儿童服务建议。本章是在获得之前两章研究结论的基础上，首先对前两章的研究结论进行对比综合、相互验证，得到学龄前儿童对图书馆儿童服务的总体看法；随后，综合研究发现、学龄前儿童的发展规律与认知特征以及图书馆界的相关理论与实践经验，提出公共图书馆儿童服务的改进建议。

第七部分，总结与展望。该部分对整体的研究结论进行分析和讨论，并进一步指出研究的局限性和未来的研究方向。

2 研究回顾

本章根据研究目的对已有相关研究进行综述，主要包含4个部分：学龄前儿童视角的研究内容、针对学龄前儿童的研究方法、学龄前儿童对图书馆服务的认知、学龄前儿童对图书馆服务的评价。前两个部分作为本书进行研究设计的参考依据，后两个部分是对图书馆学领域内与本书具有类似研究目的的研究梳理，在此基础上，总结以往研究的空白与不足，作为本书展开的基础。

2.1 学龄前儿童视角的研究内容

2.1.1 学龄前儿童与成人的认知差异

儿童不是"缩小版的成人"是所有以儿童为视角展开研究的前提基础。因此，很多研究者将研究视角投向儿童与成人视角的差异，探索两个群体的认知差异。儿童与成人对比研究主要集中在看法对比、认知特征对比和能力对比。这些研究对心理学、社会学等领域都有涉及。

程晓燕探索成人与儿童对"鬼"的看法，并进一步对比二者异同。她发现，成人与儿童都认为鬼与黑暗和不安全感有关，但是成人比儿童更相信鬼的存在。在儿童心目中鬼是简单善良的，成人心目中鬼是复杂的[①]。

---

① 程晓燕.成人世界和儿童世界中"鬼"的观念和印象[D].烟台:鲁东大学,2014.

Harpham等人做的一项关于越南农村儿童贫困成因的研究发现，儿童将垃圾等环境威胁作为贫困的理由，而成人经常提及的饮用水安全与卫生设备隐患则很少被儿童提及[1]。其他领域考察儿童与成人看法差异的研究还包括Harbaugh等人调查成人和儿童对于风险的态度以及面对不同损益概率时的选择[2]，Rosalie研究成人与儿童对父母施暴孩子这一行为的态度[3]等。

对于亲子之间的看法差异，Mistry等人抽取医院儿童牙科患者及其父母的便利样本，考察儿童和父母对牙医服饰的态度。研究发现父母喜欢传统牙医服饰，因为它赋予了专业精神，而孩子们喜欢休闲装的牙科医生[4]。Hoffman和同事们研究了在旅途中家庭成员对车内游戏的看法。他们发现儿童倾向于玩好玩的游戏，而父母将游戏视为家庭成员关系维护与增强的纽带，并希望孩子们在游戏期间习得知识[5]。

除就同一问题调查成人与儿童的各自看法外，还有研究者调查家长认为的儿童观点与儿童自我报告的观点差异。Welch和同事们调查了家长患癌症后家长眼中和子女自我报告的精神压力与行为问题。研究发现，无论孩子性别、年龄如何，无论患病者为父亲或母亲，家长均不认为孩子会面临精神压力与行为问题。然而子女的报告与父母显著不同，儿童的数据显示出较强的焦虑与沮丧感，并且在行为上也更具攻击性。此外，他们的精

---

① HARPHAM T，HUONG N T，LONG T T，et al. Participatory child poverty assessment in rural Vietnam[J]. Children & society，2005，19（1）：27-41.

② HARBAUGH W T，KRAUSE K，VESTERLUND L. Risk attitudes of children and adults：choices over small and large probability gains and losses[J]. Experimental economics，2001，5（1）：53-84.

③ ROSALIE D. Children's and adults' attitudes towards parents smacking their children[J]. Children Australia，1995，20（2）：24-27.

④ MISTRY D，TAHMASSEBI J F. Children's and parents' attitudes towards dentists' attire[J]. European archives of paediatric dentistry official journal of the European academy of paediatric dentistry，2009，10（4）：237-240.

⑤ HOFFMAN G，GAL-OZ A，DAVID S，et al. In-car game design for children：child vs. parent perspective[C] //Proceedings of the 12th international conference on interaction design and children. New York，USA：Association for Computing Machinery，2013：112-119.

神压力与行为问题随家长确诊时间增加而降低，而父母眼中孩子的精神与行为没有随时间变化而产生变化①。

通过梳理此类研究发现，家长与儿童对待相同事物的看法差异较大，且家长对儿童的了解往往与儿童自我报告的看法具有较大差异。这提示我们，当调查图书馆的体验时，两个群体具有不同的需求与看法，家长不能代替儿童表达观点。

2.1.2 学龄前儿童对生活环境的评价

儿童视角的研究主要集中于教育学与社会学领域。教育学领域的研究一方面关注儿童对周围环境（如幼儿园、游乐场所等）的评价②，另一方面关注儿童的认知特征发展。社会学领域的研究主要关注儿童权利（如对儿童作为公民享有参与权的呼吁）和福利、儿童的生活环境、儿童与家庭关系③。

当前的儿童视角研究主要集中于中小学，如黄力的《我心目中的学校——儿童视角的教育研究》④与伯克、格罗夫纳的《我喜欢的学校——通

① WELCH A S，WADSWORTH M E，COMPAS B E. Adjustment of children and adolescents to parental cancer：parents' and children's perspectives[J]. Cancer,1996,77（7）：1409-1418.

② PRELLWITZ M，SKÄR L. Usability of playgrounds for children with different abilities[J]. Occupational therapy international,2007,14（3）：144-155；MOORE A，LYNCH H. Accessibility and usability of playground environments for children under 12：a scoping review[J]. Scandinavian journal of occupational therapy,2015,22（5）：331-344；DEMARIE D. Successful versus unsuccessful schools through the eyes of children：the use of interviews，autophotography，and picture selection[J]. Early childhood research & practice,2010,12（2）：17.

③ COCKBURN T. Children and citizenship in Britain：a case for a socially interdependent model of citizenship[J]. Childhood,1998,5（1）：99-117；ROCHE J. Children：rights，participation and citizenship[J]. Childhood,2001,50（4）：191-192；DEVINE D. Children's citizenship and the structuring of adult-child relations in the primary school[J]. Childhood,2002,9（3）：303-320.

④ 黄力. 我心目中的学校——儿童视角的教育研究[M]. 北京：光明日报出版社，2011.

过孩子们的心声反思当今教育》[①]等。他们征集了大量儿童作品，包括作文、绘画、手工等，采用文本分析结合田野调查的研究方法，通过对儿童作品的分析来探讨儿童眼中的好学校是什么样子的。

对于学龄前儿童，袁永雄、黄进通过收集题为"我喜欢的幼儿园"的幼儿绘画作品，以及针对绘画作品进行访谈，展示和分析了幼儿理解的幼儿园以及幼儿心中理想的幼儿园[②]。有研究从学龄前儿童视角对托幼机构教育质量评价进行尝试：一些教育领域的研究者通过对国外幼教机构质量评估与认证体系的介绍与分析，提出我国的幼教机构评价应以儿童发展为中心，采用多视角评价，以儿童的视点选择评价的内容[③]。杜小凤编制了供学龄前儿童使用的幼儿园教育质量评估工具，并运用该工具对成都市区内的一、二、三级及无等级共 13 所幼儿园的 126 名大班儿童进行访谈，以他们的视角进行幼儿园教育质量评估[④]。

2.1.3　学龄前儿童对电子产品的看法

由于学龄前儿童对电子产品的需求日益旺盛，相关领域的研究人员较早开始了学龄前儿童对电子产品态度、偏好与看法的探索。

2001 年起，马里兰大学的人机交互实验室团队就开始进行了以儿童视角为核心的数字图书馆的开发。他们邀请小学生 2—3 人一组，每组在一名老师与一名研究者的帮助下进行头脑风暴，画出他们认为的数字图书馆的界面。通过对儿童的观察和共同讨论，该团队修改了多个版本的数

①　伯克,格罗夫纳.我喜欢的学校——通过孩子们的心声反思当今教育[M].祝莉丽,张娜,译.北京:中国轻工业出版社,2006.

②　袁永雄,黄进.幼儿喜欢什么样的幼儿园——基于幼儿绘画作品的调查[J].教育导刊(下半月),2013(12):22-26.

③　张司仪.NAEYC幼教机构质量认证体系的评价思想及其启示[J].学前教育研究,2013(9):15-20;吴凡.芬兰幼儿园质量评价简介及启示[J].山东教育,2010(18):11-13.

④　杜小凤.儿童视角的幼儿园教育质量评价研究[D].成都:四川师范大学,2015.

字图书馆，最终形成了符合儿童视角的检索系统①。2003年，他们在4个国家寻找了12名8岁儿童，并询问对该团队联合7—11岁儿童共同开发的面向低龄儿童（3—13岁）的国际儿童数字图书馆（International Children's Digital Library，简称ICDL）的看法。研究发现，该系统使得孩子们阅读图书的种类有所增加，但儿童仍偏好纸质书阅读。使用系统后，儿童与家长的社交有所增加。数字图书馆系统并没有影响他们对传统图书馆的热爱，他们继续将图书馆当作与他人的互动和阅读空间。此外，使用数字图书馆后，儿童更具备技术技能与自信，阅读动机有所提升，并且对其他文化产生了兴趣②。

Abeele与Zaman等人的研究团队就学龄前儿童对电子游戏和软件的看法进行了系列研究。首先是2010—2012年期间对于实体玩偶结合电子游戏的组合产品的研究③。他们开发了以企鹅、小鸟、袋鼠为主角的冒险游戏，并使用真实的角色玩偶来控制游戏中角色的动作，让46名学龄前儿童评选出他们偏好的游戏，并回答游戏中的哪些特点吸引他们。经过阶梯法的步步追问"为什么""为什么这对你而言是重要的"等问题，他们勾勒出了学龄前儿童对这三款实体玩偶结合电子游戏的组合产品的偏好与看法：如受访儿童喜欢小鸟的游戏，因为拍打翅膀的方式吸引他们，这种方式令人产生控制感与沉浸感，这是吸引他们的深层次原因；再如，企鹅游

① DRUIN A，BEDERSON B B，HOURCADE J P，et al. Designing a digital library for young children[C] //Proceedings of the 1st ACM/IEEE-CS joint conference on digital libraries. ACM，2001：398-405.

② DRUIN A，WEEKS A，MASSEY S，et al. Children's interests and concerns when using the international children's digital library：a four-country case study[C] //Proceedings of the 7th ACM/IEEE-CS joint conference on digital libraries，2007：167-176.

③ ZAMAN B，ABEELE V V. Laddering with young children in user experience evaluations：theoretical groundings and a practical case[C] //Proceedings of the 9th international conference on interaction design and children. ACM，2010：156-165；ABEELE V V，ZAMAN B，GROOFF D D. User experience laddering with preschoolers：unveiling attributes and benefits of cuddly toy interfaces[J]. Personal and ubiquitous computing，2012，16（4）：451-465；ZAMAN B. Laddering method with preschoolers：Understanding preschoolers' user experience with digital media[D]. Belgium：Katholieke Universiteit Leuven，2011.

戏和袋鼠游戏分别因为摇摇晃晃的走路方式与蹦跳的方式吸引了受访儿童，这些方式令他们感到幽默有趣，这是吸引他们的深层次原因。通过这样的步步追问，研究者揭示了学龄前儿童对游戏的看法，获得了令学龄前儿童喜爱的游戏元素。随后，他们于2013年再次展开研究，选取了8款知名游戏，让学龄前儿童选出最喜欢的一款，同样采用阶梯法，要求儿童说明偏好的原因①。研究发现收集东西能够为学龄前儿童带来成就感，还发现了挑战感是很多游戏吸引学龄前儿童的主要属性与原因；触摸输入的方式相较于鼠标受到了更多的欢迎；创建角色功能也是游戏成功的秘诀；此外，交互带来的影响，包括幽默的回应、破坏性的行为、荒谬的行为等，也被儿童较多地提及，为研究者进行游戏与软件设计提供了指导。

混合现实是常用于服务学龄前儿童的技术手段，如应用混合现实技术的科普空间、绘本等。以往的研究将混合现实情境视为现实空间和虚拟空间两个分割的空间，人们从一个空间跨过边界前往另一个空间。而Roger等人提出，混合现实是感知、行动、认知状态之间的转换，空间之间相互渗透、具有动态性。因此，他们提出混合现实转换的概念框架。基于这一概念框架，他们设计了4个实验环境，对应预测的儿童对这种环境的熟悉程度：①物理行动→物理效果（非常熟悉）：儿童使用不同颜色的手电，利用光相互叠加产生新的颜色（避免儿童熟悉的颜料混合）。②物理行动→数字效果（不熟悉）：利用RFID技术，将两个木块各面贴上含有RFID标签的不同颜色贴纸，当儿童将两个木块上的颜色标签彼此贴合，屏幕上显示出合并后产生的新颜色。③数字行动→数字效果（熟悉）：儿童在触控屏上使用数字蜡笔涂色、叠加不同颜色，产生新的颜色。④数字行动→物理效果（非常不熟悉）：儿童在触控屏上选择颜色，触发屏幕边桌面上的实体风车变色，儿童使屏幕上的风车摇动，同时触发实体风车臂转动，混合出新的颜色。Roger邀请10对5—6岁儿童合作参加实验。研究发现，儿童对于后三种实验环境更加青睐，反响更多，其中最受欢迎的是"物理

---

① CELIS V, HUSSON J, ABEELE V V, et al. Translating preschoolers' game experiences into design guidelines via a laddering study[C] //Proceedings of the 12th international conference on interaction design and children. New York, USA: ACM, 2013: 147-156.

行动→数字效果"环境。这一成果说明儿童对于预料之外的效果有更多的兴趣，并会产生更积极的反馈，有助于混合现实领域的设计者们为儿童提供更加丰富的学习与娱乐体验。他们同时提示，对于行动与效果的联动必须快速、及时[①]。

方浩等人通过实验调查了学龄前儿童对APP卡通形象审美偏好。研究发现，学龄前儿童在卡通形象的表现内容上更偏好动物形象，在表现风格上更偏爱夸张拟人，在表现形式上更偏爱三维立体，并且在年龄与性别上存在差异[②]。这为学龄前儿童教育类APP的卡通形象设计实践提供了理论依据。

2.2　针对学龄前儿童的研究方法

由于学龄前儿童视角的研究产生时间尚短，且在图书馆学领域尚未普及，本部分总结针对学龄前儿童的常用方法与以儿童视角，尤其是学龄前儿童视角为核心的研究方法，为之后的研究设计提供参考。

2.2.1　成人视角的研究方法

目前，大部分学龄前儿童的研究采用成人视角，因为这样能够迅速评判学龄前儿童的状态、需求、偏好、认知水平、发展能力等，以实现对学龄前儿童更好的引导。

Dunn等对儿童的友情与自身能力发展的关系进行纵向研究。他们主要使用观察法对64对3—4岁之间的学龄前儿童进行数据收集。研究者首先根据一系列标准选择合适的被试，并单独进行相关能力测试。在研究开

① ROGERS Y, SCAIFE M, GABRIELLI S, et al. A conceptual framework for mixed reality environments:designing novel learning activities for young children[J]. Presence:teleoperators and virtual environments,2002,11（6）:677-686.

② 方浩,郭伶俐,周法栋,等. 虚拟世界中的偏好:学前儿童视角下APP卡通形象审美[J]. 艺术百家,2017,33（4）:54-60.

始后，研究者在一周内分别对两个孩子和他们之间的活动实施两次20分钟的录像观察，每次相隔一周，同时对孩子们的老师与家长进行问卷调查，分别收集老师对每对孩子友情的看法与孩子的家庭背景信息。一年后，研究者们分别对两个孩子就12个主题进行半结构化访谈，访谈中包含一些度量，如"你有多喜欢你的朋友？请用1—5分进行打分"，并进行相关能力测试。对于第一次数据收集，研究者主要对孩子之间的对话进行分析，对于第二次数据收集，研究者主要对儿童的打分进行分析①。

马里兰大学发表了一系列关于学龄前儿童行为研究的成果，其中具有代表性的是Rubin与Coplan等人对学龄前儿童在游戏活动中的独处、交流的研究。Rubin使用观察法，在连续30个上学日每天随机选取1名儿童观察1分钟②。Coplan等人在安装了单向透光玻璃的游戏室使用录像方法进行数据收集，每一次研究都包含5个阶段：①15分钟的无结构自由游戏，孩子们在游戏室中可以自由地玩各种玩具；②5分钟的整理任务（clean-up task），研究助理告知孩子们游戏时间结束，需要他们将之前的自由游戏中使用的玩具放归原处；③10分钟的展示与讲述对话，研究助理要求孩子们围坐并请每一个孩子依序向大家讲述自己最近的生日派对；④10分钟的票据排序任务，孩子们在小桌子旁被要求将不同颜色的票据按照颜色放进袋子里；⑤15分钟的无结构自由游戏，最后，研究助理离开，孩子们再次被留在游戏室里玩耍15分钟，此时玩具箱被拿走。录像依据Rubin等人开发的游戏观察量表（play observation scale）进行编码③。但由于观察法对于时间与资金的消耗巨大，很多研究者采用教师评价量表与问卷对儿童

① DUNN J, CUTTING A L, FISHER N. Old friends, new friends：predictors of children's perspective on their friends at school[J]. Child development,2002,73（2）:621-635.

② RUBIN K H, WATSON K S, JAMBOR T W. Free-play behaviors in preschool and kindergarten children[J]. Child development,1978,49（2）:534-536.

③ COPLAN R J, RUBIN K H, FOX N A, et al. Being alone, playing alone, and acting alone：distinguishing among reticence and passive and active solitude in young children[J]. Child development,1994,65（1）:129-137；RUBIN K H, HYMEL S, MILLS R. Sociability and social withdrawal in childhood：stability and outcomes[J]. Journal of personality,1989,57（2）:237-255.

的社会行为进行研究。然而当时的教师评价量表与问卷对儿童的社会行为的编码并不是为了学龄前儿童自由游戏行为而设计，而且这些量表也不允许对特定的与细节化的学龄前儿童的非社交游戏行为内容进行评价，因此Coplan与Rubin开发了学龄前儿童游戏行为量表（preschool play behaviors scale），数据收集方法是透过单向透光玻璃进行12次每次10秒的针对随机一名儿童的观察，随后使用Rubin的游戏观察量表进行编码，并创建了5种儿童游戏行为范畴[①]。

儿童人机交互（Child Computer Interaction，简称CCI）是发源自人机交互（Human Computer Interaction，简称HCI）的研究领域，该领域广泛运用成人视角的观察法探索儿童对电子产品的使用情况。举例而言，研究者通过观察发现，5—12岁的儿童使用输入设备时，相较于拖拽等活动，他们更擅长点击运动[②]。

虽然成人视角的研究方法能够方便、有效地获得对儿童相关状态的判断，但无法了解儿童的真实所感，因此，有关于儿童的研究需要应用儿童视角的方法加以补充。

2.2.2 儿童视角的研究方法

2.2.2.1 传统方法的移植

Demarie运用访谈、自主摄影和图片选择来研究儿童对自己学校的认识以及对于学校的这种认识是否会因学校被标签为"成功的"或"不成功的"而有所变化。研究访问了从学前班到五年级（5—11岁）的156名儿童，了解他们的学校经历。在制作一本有关自己学校的书本时，儿童拍下认为能够向他人展示出自己学校面貌的照片。他们也从一套事先准备好的标准

① COPLAN R J，RUBIN K H. Exploring and assessing nonsocial play in the preschool：the development and validation of the preschool play behavior scale[J]. Social development，1998，7（1）：72-91.

② JOINER R，MESSER D，LIGHT P，et al. It is best to point for young children：a comparison of children's pointing and dragging[J]. Computers in human behavior，1998，14（3）：513-529.

照片中选择一张最能代表自己学校的、能展示自己认为最重要的东西的照片[①]。

Lever-Chain进行了一项持续2年的纵向研究,以总结早期儿童学习经验与探索早期适宜性的教育。该研究通过访谈方法,收集儿童的声音,呈现5岁儿童对于早期阅读的态度[②]。

杜小凤使用问卷调查的方法以幼儿园大班儿童的视角进行幼儿园教育质量评估。她的评估问卷设计包括3步:①文献调研获得一级评估指标;②参考国内外托幼机构教育质量评价工具中的项目获得部分二级评估指标;③对当地4所幼儿园的50名中大班儿童进行访谈,获得剩余二级评估指标。在获得所有评估指标后,将每项指标设计为积极、中性、消极三类情绪情感体验(情绪体验:高兴、平静、不高兴;情感态度:喜欢、一般、不喜欢)。儿童在做出情绪类别的选择后,还需做出程度的选择。每项指标的每一个选择均包含5个等级,由1到5,情绪体验逐渐增强,儿童根据自己体验到的情绪情感强烈程度进行选择。施测过程中研究者使用口头表达的方式让儿童进行填答。表情图作为辅助儿童理解的道具在施测过程中使用。表情图是由卡纸制作的心形的笑脸、平脸、哭脸各5张,分别代表高兴、平静、不高兴的情绪体验与喜欢、一般、不喜欢的主观感受。表情图一方面能更加直观地展现儿童面临的选项,方便儿童理解;另一方面也能够分散儿童的注意力,缓解儿童面临陌生研究者时的紧张情绪[③]。

关于各种经典的社会科学常用研究方法在儿童群体中的应用效果方面,Donker与Markopoulos在儿童对软件可用性进行测试的情境下,比较了发声思考(think aloud)、结构化访谈与问卷3种方法。他们对45个8—14岁儿童布置了21个任务,之后分别采用3种方法提示儿童对软件的可用性进

————————

① DEMARIE D. Successful versus unsuccessful schools through the eyes of children:the use of interviews, autophotography, and picture selection[J]. Early childhood research & practice,2010,12(2):17.

② LEVER-CHAIN J. Turning boys off? Listening to what five-year-olds say about reading[J]. Literacy,2008,42(2):83-91.

③ 杜小凤. 儿童视角的幼儿园教育质量评价研究[D]. 成都:四川师范大学,2015:11-15.

行调查。通过统计儿童们发现的软件设计中的问题数量，研究者发现发声思考能够帮助开发者发现更多的问题，此外，女孩比男孩报告的问题数量更多[1]。

2.2.2.2 特别针对学龄前儿童开发的"马赛克方法"

Clark 与 Statham 开发了一种能够通过声音与视觉工具结合在一起来揭示儿童观点的方法，被称为"马赛克方法"（mosaic method）[2]。马赛克方法源于 Loris Malaguzzi 等儿童早期教育学家在意大利北部的 Reggio Emilia 地区学龄前学校开发的教育框架[3]与参与式评价（participatory appraisal）方法论。这些方法能够赋予弱势群体发声的权力。

马赛克方法被证明能够有效用于低龄儿童（5 岁以下）与患有大脑麻痹等病症或残障的儿童[4]的研究。在第一篇提出马赛克方法的研究论文中，Clark 与 Statham 发现了很多有关儿童研究的特征：第一，研究群体往往是稍大一些的儿童，如 8—10 岁，很少有研究覆盖到幼龄儿童，尤其是学龄前儿童。因为研究者们通常采用访谈和焦点小组等传统方法，这就需要那些能够清晰表达观点的儿童来参与，便往往将幼龄儿童和残障儿童排除在外。第二，他们发现无论是在评价案例层面上（即儿童针对他所接收的

---

① DONKER A，MARKOPOULOS P. A comparison of think-aloud，questionnaires and interviews for testing usability with children[G] //People and computers XVI-memorable yet invisible. Springer，2002：305-316.

② CLARK A，MOSS P. Listening to young children：the mosaic approach [M]. 2nd ed. London：National Children's Bureau，2011；CLARK A，STATHAM J. Listening to young children：experts in their own lives[J]. Adoption & fostering，2005，29（1）：45-56.

③ EDWARDS C，GANDINI L，FORMAN G. The hundred languages of children：the reggio Emilia approach—advanced reflections[M]. Westport：Greenwood Publishing Group，1998：49-99.

④ PICKERING D. Creative mosaic methods：hearing the "voice" of children with disabilities[J]. International journal of therapy & rehabilitation，2013，20（7）：221-224；PICKERING D，HORROCKS L，VISSER K，et al. "Every picture tells a story"：interviews and diaries with children with cerebral palsy about adapted cycling[J]. Journal of paediatrics and child health，2013，49（12）：1040-1044；PICKERING D，HORROCKS L，VISSER K，et al. Adapted bikes：what children and young people with cerebral palsy told us about their participation in adapted dynamic cycling[J]. Disability and rehabilitation：assistive technology，2013，8（1）：30-37.

服务进行评价），还是在更加完整的层面上（即包括服务的设计与推送过程），很多研究都是在服务规划、推送与评估阶段将儿童纳入进来。Clark与Statham肯定了这些研究的价值，因为成人研究者们想要确保他们提供的服务是适当的而且有效的。但与此同时，几乎没有研究是从儿童他们自己的世界起步，即儿童现在关心什么、对于过去的经历有什么感受、对于未来有什么想法、什么令他们开心和有安全感、他们如何解读他们的生活环境与周边人。因此，Clark与Statham开发了一种能够填补这两方面空白的研究方法，即马赛克方法。

马赛克方法运用多种方法结合的框架来帮助低龄儿童收集有关他们日常生活的重要细节，并将其分享给成人。使用马赛克方法的研究者将儿童视为重要的社会成员，并认为只有儿童才是他们自己生命中的专家[①]。这与新兴的童年社会科学（sociology of childhood）一致，将儿童视为"完整个体而非待完善个体"（beings not becomings），并认为儿童有他们自己的行动、时间与空间[②]。

英国的一项关于患有大脑麻痹的2—18岁儿童的康复情况研究使用了访谈与日记法。实验组儿童参与6个周期的骑行康复疗法，在治疗开始前后，儿童均接受结构化访谈，并在治疗期间被鼓励以记日记的形式记录自己的物理活动情况。结构化访谈的内容包括询问儿童他们骑行的经历，自行车样式、速度与设置，骑行同伴，骑行地等。研究小组最初依据KIDSCREEN与儿童行动量表（activity scale for kids）来制订访谈提纲，但在测试时发现最初的访谈提纲不能很好地帮助研究小组获得儿童骑行信息，而且儿童也显示出比预期更高的接受访谈能力。因此，研究小组决定采用马赛克方法来提升儿童绘画与创造活动，以更好地挖掘信息。由于儿童患有的疾病导致他们的表达受到影响，而且一些儿童对这种方法有畏惧心态，研究小组加入了手偶与叠加图片以帮助他们更好地表达骑行经历与

---

① LANGSTED O. Looking at quality from the child's perspective[G] //Valuing quality in early childhood services：new approaches to defining quality. London：Paul Chapman Publishing，1994：28-42.

② QVORTRUP J，BARDY M，SGRITTA G，et al. Childhood matters[M]. Vienna：European Centre，1994：101-122.

感受。访谈问题也设置得更加封闭，以更好地让儿童回答。在合适的时候，笑脸、哭脸等表情也用于对非动作性问题的回答[①]。

在 Clark 与 Statham 的文章中，他们用两项研究展示了如何使用马赛克方法协助儿童清晰地表达在他们的世界什么才是最重要的。开发一种方法来研究低龄儿童有两种路径，一是在成人与稍大一些的儿童身上选择适用的方法进行修正，二是开发一种更加适用于低龄儿童的方法，Clark 与 Statham 选择了后者。马赛克方法使用了多种手段让不同能力与兴趣的儿童参与进来。这种多手段的研究方法也应用了观察法、访谈法等传统工具，来为描绘整个画面或"马赛克"做出贡献，并提供了让不同方法之间三角验证（triangulate）结论的机会。这种方法以马赛克命名是指它能够将不同的信息与材料片段整合在一起来组合成儿童视角的画面。

Clark 与 Statham 以他们的两项研究为例介绍了马赛克方法使用的 6 种方法[②]：

（1）对儿童观察：对儿童的观察对于低龄或难以清晰表达的儿童具有独特的价值。研究者们选择叙述性形式，描述性地记录儿童玩耍过程。这种观察围绕着儿童立场回答两个问题："你是否在倾听我"与"我在这里可以做什么"。虽然观察法是倾听中的重要部分，但它仍然是依据成人的观点来解读儿童的生活。

（2）对儿童访谈：对儿童进行访谈为与儿童关于他们现在的生活进行正式对话提供了可能。问题集中在重要的人、地与活动。在 Clark 与 Statham 的研究中，保育院的儿童在 4 个月的时间内被访谈了 2 次。在第二次访谈时，儿童可以听到他们之前的回答，并对之前的答复进行修改或增加新的信息。但是，不是所有儿童都对这种正式的讲话方式感兴趣，他们希望能够一边行动一边谈话，可以向研究者展示他们所说的地方。在另一项研究中，儿童就以更加随意的方式进行了谈话，有时坐在他们最喜欢的

---

① PICKERING D，HORROCKS L M，VISSER K S，et al. "Every picture tells a story"：interviews and diaries with children with cerebral palsy about adapted cycling[J]. Journal of paediatrics and child health，2013，49（12）：1040-1044.

② CLARK A，STATHAM J. Listening to young children：experts in their own lives[J]. Adoption & fostering，2005，29（1）：45-56.

地方，有时周围还有其他儿童玩耍。Mandell 提示，当进行儿童参与式研究时，成人需要实施应对型策略，做到最小化的成人（least adult），也就是模仿儿童和同伴的交往方式，通过自然地参与他们的活动来接近儿童[①]。根据这一原则，研究者可以先和儿童共同参与活动，等待儿童表示出兴趣后再实施访谈。

（3）拍照与图书制作：相机使幼龄儿童能够交流他们的观点与经历。相机能够帮助难以清晰用语言表达的儿童与各年龄段被削弱权利的儿童发声，因为"相机具有沉默的声音"[②]。第一项研究中，研究者们要求儿童在保育院中拍摄他们认为重要的人、事、物的照片。他们让儿童自由使用一次性相机，避免引起成人对过于昂贵的数码相机的担忧（随后的研究中研究者们也使用了数码相机，同样获得了积极的效果）。每个儿童都得到了他们拍摄的相片，并使用这些相片制作成有关保育院的书，这些书便成为儿童眼中的"这里什么是重要的"视觉记录。

在图书情报领域，摄影法曾用于成人用户体验和信息检索等研究[③]。摄影法的操作一般是给儿童相机，指导他们使用相机并布置任务，让他们拍摄自己想要拍摄的事物[④]。由于这种方法从资料收集到解读全部由儿童参与，儿童能够积极地参与研究，且能够保证从儿童视角出发看待事物。摄影法需要儿童对照片进行解读，并与研究者讨论得到他们对事物的看法，

---

① MANDELL N. The least-adult role in studying children[J]. Journal of contemporary ethnography,1988,16（4）:433-467.

② WALKER R. Finding a silent voice for the researcher:using photographs in evaluation and research [G] //Qualitative voices in educational research. London，UK:Routledge,2020:72-92.

③ HARTEL J，THOMSON L. Visual approaches and photography for the study of immediate information space[J]. Journal of the American society for information science & technology,2011,62（11）:2214-2224;AGOSTO D E，HUGHES-HASSELL S. People，places，and questions:an investigation of the everyday life information-seeking behaviors of urban young adults[J]. Library & information science research,2005,27（2）:141-163;MACMILLAN M，GRATZ A，GILBERT J. Meeting student needs at the reference desk [J]. Reference services review,2011,39（3）:423-438.

④ EINARSDOTTIR J. Playschool in pictures:children's photographs as a research method[J]. Early child development & care,2005,175（6）:523-541.

但也有研究者认为，这会导致研究者过于迁就儿童的讨论话题，并且儿童有时也不会按照研究者的指导拍摄照片①。

（4）旅行与地图制作：这种方法提供了一种积极的方式去倾听儿童。旅行是一种已经在多种情境下使用过的参与性技术②。在以往的研究中，研究者们要求儿童带领研究者在熟悉的环境中旅行，三四岁的儿童策划这次旅行并决定记录方式，他们拍摄重要地点与人物照片，使用小型录音机记录这次旅行，并画出重要的特征。随后的地图制作是将儿童收集来的关于旅途的材料聚集在一起。Hart认为这种方法能够提供对于儿童日常环境的有价值的洞察，因为它是依据儿童看重的事物来形成的，同时调动了他们的关于自己身处环境的"本土知识"，因此可以很好地发起关于他们生活中各方面的讨论，而这些讨论往往是仅仅通过语言难以产生的③。第二项研究中，研究者们重点让儿童在户外玩耍场所应用旅行法，之后将自己制作的地图与家长、保育院与学龄前学校的工作人员分享。

（5）魔毯：研究者们在第二项研究中采用了Parker的魔毯法。这个活动通过幻灯片中的图片将幼龄儿童带上想象的旅途，到熟悉或不熟悉的地方。这包括他们的玩耍区域、城镇、公园与一些儿童并不知道场所的照片。这个活动的重点是希望给幼龄儿童谈论他们当前环境与其他地点的机会④。

（6）对成人访谈：马赛克方法的最后一环是访谈从业人员与家长，因为他们对于了解儿童的生活具有同样重要的意义。访谈提纲包含与儿童版相似的问题，但更加强调成人的视角。

此外，还有一些研究采用类似于马赛克框架中的方法，Barriage将其并

---

① FARGAS-MALET M，MCSHERRY D，LARKIN E，et al. Research with children：methodological issues and innovative techniques[J]. Journal of early childhood research，2010，8（2）：175-192.

②③ HART R A. Children's participation：the theory and practice of involving young citizens in community development and environmental care[M]. London：Routledge，2013：165-171.

④ ABBOTT L，NUTBROWN C. Experiencing Reggio Emilia：implications for pre-school provision[M]. Philadelphia，PA：Open University Press，2001：80-92.

称为任务中心的数据收集方法，具体包括艺术创作（如绘画、拼贴画、海报等）、摄影、戏剧、表演、游戏、儿童引导的旅行、日记和其他参与性的活动等①。艺术创作能够为访谈与儿童讲述故事提供框架。绘画和其他的艺术创作方法已经在图书情报研究中得到了很大的应用，包括对儿童信息和知识的理解、儿童人机交互设计等②。研究者指出，在使用绘画法时，需要配合儿童对绘画的解读来获得儿童视角下对于研究对象的理解③，同时需要避免成人的过度解读和过度关注绘画本身的内容而忽视儿童的看法④。

2.2.2.3　儿童的偏好测量与阶梯法

（1）儿童对产品的喜爱度测量

Zaman分析各机构对产品可用性的定义发现，用户满意度或态度是重要的一部分，用户对于产品的喜爱度能够影响其可用性，反之亦然⑤。这也就意味着对儿童产品和服务的可用性测试中，儿童对产品的喜爱程度是必须要考虑的环节。

直接询问儿童对于产品的满意度是不合适的，类似"你觉得这个东西有多好玩"的问题更适合儿童来回答。Read等人将乐趣划分为3个维度，

①　BARRIAGE S. Task-centered activities as an approach to data collection in research with children and youth[J]. Library & information science research, 2018, 40（1）: 1-8.

②　DRUIN A. What children can teach us: developing digital libraries for children with children[J]. Library quarterly information community policy, 2005, 75（1）: 20-41; BOWEN T, EVANS M M. What does knowledge look like? Drawing as a means of knowledge representation and knowledge construction[J]. Education for information, 2015, 31（1/2）: 53-72.

③　GREEN C. Listening to children: exploring intuitive strategies and interactive methods in a study of children's special places[J]. International journal of early childhood, 2012, 44（3）: 269-285.

④　CLARK C D. In a younger voice: doing child-centered qualitative research[M]. Oxford: Oxford University Press, 2011: 136-175.

⑤　ZAMAN B. Introducing contextual laddering to evaluate the likeability of games with children[J]. Cognition, technology & work, 2008, 10（2）: 107-117.

包括期待感、参与感和耐受性①。

期待感用来描述事件带来的乐趣，以及用户受此前的期待感对所体验到乐趣的影响。微笑计（funometer）、微笑量表（smileyometer）和乐趣排序表（fun-sorter）可以用来评估儿童的期待感。

微笑计是类似于温度计一样的工具，请儿童在图上标示出当前的感受，利用活动前后儿童标注出的差异了解儿童的期待感变化（见图2-1）。

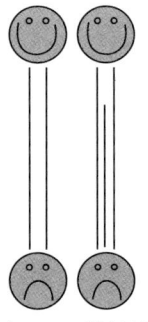

图 2-1　微笑计

资料来源：READ J, MACFARLANE S, CASEY C. Endurability, engagement and expectations：measuring children's fun［G］//Proceedings of the international workshop on "interaction design and children". Eindhoven：Shaker Publishing, 2002：1–23.

微笑量表实质是李克特（Likert）量表，但研究人员在实际研究中发现，如果将中间选项设置为直线的嘴型会使儿童认为这代表不好，因此他们将中间选项设计为略带弧度的微笑表情，并建议在操作中标注出每个表情代表的含义，让儿童勾选符合自己看法的表情（见图2-2）。实验证明，对于幼龄儿童，微笑量表比微笑计更易于理解和操作。在学龄前儿童的研究中，微笑量表是最为普遍使用的态度测量方式②。

---

① READ J, MACFARLANE S, CASEY C. Endurability, engagement and expectations：measuring children's fun［G］//Proceedings of the international workshop on "interaction design and children". Eindhoven：Shaker Publishing, 2002：1–23.

② MARSH L E, KANNGIESSER P, HOOD B. When and how does labour lead to love? The ontogeny and mechanisms of the IKEA effect[J]. Cognition, 2018, 170（1）：245–253；HOOD B, WELTZIEN S, MARSH L, et al. Picture yourself：self-focus and the endowment effect in preschool children[J]. Cognition, 2016, 152（7）：70–77.

图 2-2 微笑量表

资料来源：READ J，MACFARLANE S，CASEY C. Endurability，engagement and expectations：measuring children's fun［G］// Proceedings of the international workshop on "interaction design and children". Eindhoven：Shaker Publishing，2002：1–23.

当需要将相关的系列活动排序的时候，可以使用相对性的排序表格，即乐趣排序表（见图2-3）。乐趣排序表可以强制儿童将活动按照有趣程度排序，并可以结合笑脸贴纸简化儿童的选择。实验发现，当活动项目数量较小时（少于9个），乐趣排序表最有用。

	最好			最差
效果最好	B	D A		C
最好玩	D	A B		C
最容易	A			

图 2-3 乐趣排序表

资料来源：READ J，MACFARLANE S，CASEY C. Endurability，engagement and expectations：measuring children's fun［G］//Proceedings of the international workshop on "interaction design and children". Eindhoven：Shaker Publishing，2002：1–23.

参与感一般通过观察来评估。研究者们建议使用摄像机录下儿童使用产品时的画面，并通过一些表现来判断儿童的参与感。如积极参与的表现包括微笑、大笑、专注的信号（如手指放在嘴巴里、舌头出来）、兴奋地跳、积极的语言反馈等；消极参与的表现包括皱眉、无聊的信号（如抓耳朵、打发时间的表现）、耸肩、消极的语言等。Hanna等人也支持通过儿童的非口语行为（如大笑、皱眉）等判断儿童的乐趣[1]。

————————————

① HANNA L，RISDEN K，ALEXANDER K. Guidelines for usability testing with children[J]. Interactions，1997，4（5）:9–14.

耐受性包括两方面：第一方面应用波丽安娜效应（Pollyanna principle），即我们倾向于记住喜欢的事情；第二方面是人们想要再次做觉得有趣的事情。因此，研究者们开发了两个工具来测量：前者可以通过询问儿童在体验活动的过程中觉得印象深刻的事情是什么而获得，后者可以使用"再一次"表（见图2-4）。"再一次"表中列出活动中包含的所有事件，并给出"是""也许""不"选项，让儿童勾选。实验表明，即使在活动项目数量较大时，"再一次"表仍有较好的表现。

还想要再做一次吗？

	是的	也许	不
参观小船	√		
观看手偶表演		√	

图2-4 "再一次"表

资料来源：READ J，MACFARLANE S，CASEY C. Endurability，engagement and expectations: measuring children's fun[G] //Proceedings of the international workshop on "interaction design and children". Eindhoven，The Netherlands: Shaker Publishing，2002：189-198.

因此，Read等人建议，一个乐趣评估项目应该包括微笑计或微笑量表以及"再一次"表或乐趣排序表，同时需要研究者对儿童进行观察，询问儿童印象深刻的事情等有关记忆指标的问题。如此，才能比较充分地了解儿童的乐趣感受。

（2）阶梯法

1）手段—目标理论与手段目标链（MEC）模型

手段—目标理论来源于营销领域。在营销领域中，普遍认为消费者价值观为购买行为的发生提供了强大的内在驱动力，具有消费导向的作用，被认为是消费者行为的最终决定因素[①]。

---

① GUTMAN J. A means-end chain model based on consumer categorization processes[J]. Journal of marketing，1982，46（2）：60-72；REYNOLDS T J，OLSON J C. Understanding consumer decision making：the means-end approach to marketing and advertising strategy[M]. New Jersey：Lawrence Erlbaum Associates，2001：1-18.

　　手段—目标理论就建立在这种认识之上，认为价值观决定消费者对产品属性重要性的判断，从而影响消费者对产品的评价和购买[①]。这种理论认为，人们无意识地会将收到的刺激归类为层级式的一系列的信念（beliefs），也就是包含了属性（attribute）、结果（consequence）和价值观（value）的"手段—目标链"（means-end chain，MEC）[②]。其中，属性是产品的特点，又可细分为具体属性（直观的产品特点，如颜色等）与抽象属性（无法直接接触到的产品特点，如风格等）。结果是个人使用产品后获得的判断，又可细分为功能性结果（使用层级上的变化，如令人速度更快）与心理—社会性结果（心理、社会层级上的变化，如让自己感觉更好）。到了价值观阶段，人们不再讨论产品，而是讨论产品所体现的个人价值观、道德和规范，价值观分为工具价值观（即外在的价值观，如关爱他人、保护地球等）与终极价值观（即本质上的价值观，如幸福、内心的平静等）[③]。信念之间彼此相互联结，并且分布在不同抽象程度的层级之间，建立属性—结果—价值观（A-C-V）结构（见图2-5）。

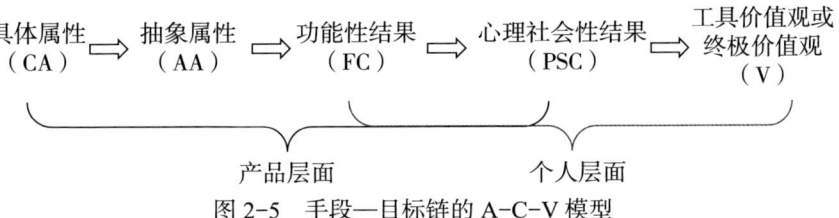

图 2-5　手段—目标链的 A-C-V 模型

资料来源：ABEELE V V，ZAMAN B，GROOFF D D.User experience laddering with preschoolers：unveiling attributes and benefits of cuddly toy interfaces［J］.Personal and ubiquitous computing，2012，16（4）：451-465.

---

　　①　胡洁，张进辅. 基于消费者价值观的手段目标链模型[J]. 心理科学进展，2008，16（3）：504-512.

　　②　SUBRAMONY D P. Introducing a means-end approach to human-computer interaction：why users choose particular web sites over others[J]. Information seeking，2002，3（1）：144-161.

　　③　ABEELE V V，ZAMAN B，GROOFF D D. User experience laddering with preschoolers：unveiling attributes and benefits of cuddly toy interfaces[J]. Personal and ubiquitous computing，2012，16（4）：451-465.

手段—目标理论用于研究消费者行为，因为它能够以链条的形式挖掘和解释产品的特定属性对于消费者的吸引。举例而言，向一名女性消费者询问为什么更喜欢品牌A的薯片，得到回答"因为A更清淡"。此时，清淡是产品A的属性。再询问，为什么看重清淡这个特点，得到回答"不想变胖"。此时，"令消费者不会长胖"是产品A"清淡"属性的结果（见图2-6）。进一步追问，让问题得以更加抽象，最终在涉及个人价值观的层级结束。在例子中，研究者询问为什么保持苗条对于该消费者如此重要时，得到回答是美丽与健康对她而言很重要。因此我们可以得到这位消费者的价值观。在得到一系列回答后，研究者可以建立起等级价值图（Hierarchical Value Map，简称HVM），即获得的相互联系的答案构建起来的示意图，在此图中，最贴近现实、精确的回答处于阶梯底层，抽象的答案位于阶梯顶部。

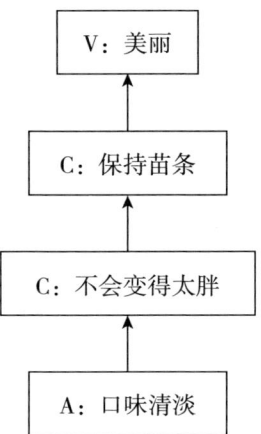

图 2-6　对某品牌薯片构建的等级价值图示例

资料来源：ZAMAN B，ABEELE V V.Laddering with young children in user experience evaluations：theoretical groundings and a practical case［C］//Proceedings of the 9th international conference on interaction design and children.ACM，2010：156-165.

MEC模型从微观视角就价值观对消费行为的导向作用进行了探讨，把产品和消费者的心理需求相结合，从产品属性、结果和消费者价值观3个层次架构等级模型[①]。相较于其他针对消费者研究的理论，MEC更能够

———————

① 　胡洁，张进辅.基于消费者价值观的手段目标链模型[J].心理科学进展，2008，16（3）：504-512.

挖掘消费者选择产品属性背后的原因，将产品的属性与这一属性带来的结果相连，并指向更深层次的消费者价值观。MEC的研究能构建出调查对象的认知结构，可以对以消费者为导向的产品设计提供质性定量分析，所得出的结果可以用于认识消费者对现有产品的认知定位，建立完备的定位策略，以及提升研究者对消费者需求的理解，更好地匹配这些需求所对应的产品属性[①]。

2）阶梯法

阶梯法是基于手段—目标理论提出的方法论。它能够提供被试认为产品是否有趣的原因。

阶梯法是一种半结构化访谈和包含质性分析的定量数据分析方法，它比以往常用的量表形式为主的图像报告揭示了更深层的信息，还在列出评估对象优点的基础上解答了为什么该产品受人喜爱或不被人喜欢，直指可供改进的方面[②]。

①作为数据收集方法的阶梯法

阶梯法是一对一的深度访谈技术，用于了解用户如何将产品的属性与自己建立起富于内涵的联系[③]。该方法通过步步追问一系列的限制性问题，如"为什么这对你是重要的"来获得一系列的关键概念元素，并将其分为属性、结果和价值观，组成将产品与用户联结起来的特征网（即阶梯）。阶梯是用户的感知方向，正是组成阶梯的元素使得产品与其他同类产品区隔开来。具体的操作为：

A.引出差异

a.三分排序（triadic sorting）：将待评价的产品每3个一组呈现给受访者，受访者需要依据一定的规则将每一组的3个产品分成两组。分组后，请受访者具体说明分组的理由，如颜色、大小、品牌等，并具体说明同一

① 胡洁,张进辅.基于消费者价值观的手段目标链模型[J].心理科学进展,2008,16（3）:504-512.

② ZAMAN B, ABEELE V V. Laddering with young children in user experience evaluations:theoretical groundings and a practical case[C] //Proceedings of the 9th international conference on interaction design and children. ACM,2010:156-165.

③ REYNOLDS T J, GUTMAN J. Laddering theory, method, analysis, and interpretation[J]. Journal of advertising research,1988,28（1）:11-31.

组两个产品的相同之处，以及它们和第三个产品的区别之处。

b.倾向购买差异（preference-consumption differences）：让受访者给出购买意愿的排序，并询问原因。

c.不同场合的差异（differences by occasion）：将受访者置于具体情境中能够更好地使他们表达出产品的区别。因此，可以通过使受访者回忆或假设他们常用到该类商品的场合来评价产品，以更好地发现差异。

B.选择阶梯

一般受访者会给出10—12个产品之间的差异。因此，选择哪个差异作为基础来追问架构阶梯十分重要。对此，一种方法是访谈者询问并呈现所有受访者提到的差异，受访者将这些差异进行重要性排序后访谈者再询问；另一种方法是根据访谈者研究问题选择。访谈过程中可使用的技巧包括情境重现、假设讨论的物品消失、与近似产品比较、与自己不同时期的选择比较、推测他人想法、沉默和确认信息等。

儿童友好的访谈需要研究者以最低限度的成人姿态出现。研究者需要将儿童视为专家，并开展"感兴趣的傻瓜"（interested idiot）策略①。这一策略指的是成人需要摒弃全知的成人身份，转换为无知的、向儿童求教的态度。在实施阶梯法的时候，研究者可以预先告知儿童他们将会被一遍又一遍地问"为什么"问题。此外，研究者的问题必须清晰，为了挖掘更多的信息，可以多加询问开放性问题。在访谈中，研究者需要认可儿童的每一个回答，强调回答没有对错之分，并允许"我不知道"的答案。为了鼓励儿童回答，可以适时地插入对儿童回答的表扬，使他们认为自己对面前的研究者有所帮助②。

---

① DARBYSHIRE P，MACDOUGALL C，SCHILLER W. Multiple methods in qualitative research with children：more insight or just more?[J]. Qualitative research，2005，5（4）：417-436；ZAMAN B，ABEELE V V. Laddering with young children in user experience evaluations：theoretical groundings and a practical case[C] //Proceedings of the 9th international conference on interaction design and children. ACM，2010：156-165.

② DARBYSHIRE P，MACDOUGALL C，SCHILLER W. Multiple methods in qualitative research with children：more insight or just more?[J]. Qualitative research，2005，5（4）：417-436.

当研究者发现儿童无法解释为什么更喜欢某一产品的原因时，可以反过来询问儿童为什么不喜欢另一产品，也可以问儿童如果将他们喜欢的属性从这一产品中拿走，或产品没有实现他们期望的结果会怎么样。当研究者发现儿童难以在产品间做抉择时，可以重新将问题表达得更加精确，如给出具体的使用情景来辅助儿童体验产品。最后，当研究者发现难以理解儿童的话时，可以改述儿童的话语来帮助儿童更好地整理他们的思路和感受，并改进表达。

②作为资料分析方法的阶梯法

获得访谈资料后的分析过程包括3步：

A.编码

分析的初始任务是进行内容分析，分析所有阶梯上的元素。在全面了解元素的类型后，研究者需要开发一组反映所提到的所有内容的代码。首先，需要将所有的回答分类至A、C、V 3个基本的级别，然后进一步分析所有的回答，并将其分解为单个的汇总代码。Reynolds 和 Gutman 以清爽葡萄酒为例，在这一步，首先将受访者提到的"避免喝醉""不想说胡话""不想身体麻木"等总结为"避免酒精的负面影响"。随后将这些编码分类为属性级别的"费用""瓶子形状""标签""碳酸口感"等、结果级别的"品质""新鲜度""更女性化""避免浪费""避免酒精的负面影响"等、价值观级别的"归属感""家庭观""自尊""成就"。

当编码完成后，为每一个代码由低层级（属性）到中层级（结果）再到高层级（价值观）依次编上数字。然后将这些数字用于在每一个阶梯中为每一个元素记分，生成一个矩阵，其中的行代表一个单独的受访者的阶梯（一个受访者可以有多个阶梯，因此可以有多个行），在阶梯上的顺序元素对应连续的列。因此，矩阵中的列数对应是最长阶梯上的元素个数加上人口编码。这个矩阵呈现了关键要素之间的主要路径和联系，同时也提供了从人口学特征（如男性）角度进行分析的机会。

B.计算关联矩阵（implication matrix）

在编码的基础上，将元素之间的关系首先以直接相连的形式呈现出来，如"瓶子形状"—"女性化"—"精细化的形象"—"给他人留下印象"—"归属感"。随后，可以构建关联矩阵，用于表示元素之间直接和间接的连接频率。这些数字以小数形式表示，直接关系数目是小数点左边，间接关系数目放在小数点右边。因此，元素"瓶子形状"共1次直接导致元素"精细化的形象"，而间接导致的是3次。这意味着1名受访者表示，瓶子形状直接导致了精细化的形象，而3名受访者则将这两种元素与另一种元素（如女性化）相关联。

C.归纳形成等级价值图（HVM）

为了从关联矩阵中构造一个HVM，首先需要构建相邻关系，即A→C、A→V、C→C、C→V，然后形成A-C-V的阶梯。在分析中，不一定总是需要形成A-C-V的完整阶梯。通过连接各元素之间的关系形成更大的矩阵，使得所有的阶梯相互联结最终逐渐建立起HVM。在这个过程中，需要研究人员自行决定列表数据的截断值（cut-off value），数据小于规定值表示联系不重要，构建出的HVM则不呈现这种联系。Reynolds建议使用多个截断值来允许研究人员评估几种解决方案，最终选择最具信息性和最稳定的一组关系。Reynold和Olson认为，一个典型的阶梯应该共包含500个左右的元素（含属性、结果、价值观），截断值建议选择3—5，保证留下66%左右的联系[①]。

3）阶梯法与儿童喜爱度研究

阶梯法来自营销领域，在消费者对食品、服装、网站与软件等实物产品的偏好研究中得到了广泛的应用[②]。此外，对于服务、景区、饮食方式等

---

① ZAMAN B，ABEELE V V. Laddering with young children in user experience evaluations：theoretical groundings and a practical case[C] //Proceedings of the 9th international conference on interaction design and children. ACM，2010：156-165.

② SUBRAMONY D P. Introducing a means-end approach to human-computer interaction：why users choose particular web sites over others[J]. Information seeking，2002，3（1）：144-161；ZANOLI R，NASPETTI S. Consumer motivations in the purchase of organic food[J]. Mpra paper，2002，104（8）：643-653；CHIU C M. Applying means-end chain theory to eliciting system requirements and understanding users perceptual orientations[J]. Information & management，2005，42（3）：455-468；MARTINEZ E. What parents prefer and children like—investigating choice of vegetable-based food for children[J]. Food quality & preference，2007，18（7）：949-962.

非实物产品研究也被证实具有较好的效果①。

阶梯法最初应用于成人被试，随后，开始施用于青少年、儿童被试。其中，Zaman 和 Abeele 等人将阶梯法引入到儿童对电子游戏与软件的喜爱度研究中②。

在 2008 年对三款软件的研究中，Zaman 使用了情境化的阶梯法（contextual laddering）调查儿童对软件的喜爱程度。该研究覆盖 7—16 岁儿童。经过不断调整研究设计，他们设置半小时让儿童自由使用软件，同时研究者进行观察以获得情境线索。情境线索用于修订后续的问题、与儿童被试沟通和解读他们的回答，避免儿童受社会赞许效应的影响。随后研究者向儿童提出喜爱度的相关问题，包括一个正向问题（"你喜欢这个游戏的哪个部分"）和一个负向问题（"你不喜欢这个游戏的哪个部分"）。

---

① KLENOSKY D B，SAUNDERS C D. Put me in the zoo!A laddering study of zoo visitor motives[J]. Tourism review international,2007,11（3）:317-327;AIDEA C，SCHOOLMEESTER D，DEKKER M，et al. To cook or not to cook:a means-end study of motives for choice of meal solutions[J]. Food quality & preference,2007,18（1）:77-88;PIETERS R，BOTTSCHEN G，THELEN E. Customer desire expectations about service employees:an analysis of hierarchical relations[J]. Psychology & marketing,1998,15（8）:755-773.

② ZAMAN B，ABEELE V V. Laddering with young children in user experience evaluations:theoretical groundings and a practical case[C] //Proceedings of the 9th international conference on interaction design and children. ACM,2010:156-165;ZAMAN B. Introducing contextual laddering to evaluate the likeability of games with children[J]. Cognition，technology & work,2008,10（2）:107-117;ABEELE V V，ZAMAN B，GROOFF D D. User experience laddering with preschoolers:unveiling attributes and benefits of cuddly toy interfaces[J]. Personal and ubiquitous computing,2012,16（4）:451-465;CELIS V，HUSSON J，ABEELE V V，et al. Translating preschoolers' game experiences into design guidelines via a laddering study[C] //Proceedings of the 12th international conference on interaction design and children. New York，USA:ACM,2013:147-156;ZAMAN B. Laddering method with preschoolers:Understanding preschoolers' user experience with digital media[D]. Belgium:Katholieke Universiteit Leuven,2011;ABEELE V V，ZAMAN B，ABEELE M. The unlikeability of a cuddly toy interface:an experimental study of preschoolers' likeability and usability of a 3D game played with a cuddly toy versus a keyboard[C] //International conference on fun and games. 2008:118-131.

"情境化"指的是让产品体验和访谈进程相衔接并让产品一直在访谈过程中刺激儿童的视觉，保证儿童记忆更加鲜活，让儿童更容易地表达他们的观点。虽然阶梯法需要从受访者的回答中找到属性、结果、价值的表述[①]，但在该项研究中，Zaman发现儿童很难准确地表达出他们的价值观。对此，她的做法是结合观察阶段获得的情境线索，自己总结归纳出儿童们的价值观。如，在第三次追问后，获得儿童的回答"有时候关卡很有意思，有时候不"，Zaman分别追问："你什么时候比较喜欢游戏设计的关卡？什么时候不喜欢？"得到回答"有时候我喜欢在游戏世界里闲逛，所以会去完成那些关卡；而有时我想要离开当前的玩法，我就不想浪费时间在这个关卡上了"。她将前者编码为"挑战感"，后者编码为"控制感"。

Zaman和Abeele在使用阶梯法测量2—7岁儿童对3款电子游戏体验的研究中论证了阶梯法在学龄前儿童群体中应用的可行性[②]。他们分析，处于皮亚杰所说的前运演阶段的学龄前儿童最大的特点是语言能力的提升。他们的语言能力已经达到可以充分运用词句描述行为和事物，并且也具有描述不仅限于此时此刻经历的能力。他们也能够回答开放性问题。不过，学龄前儿童在进行对话时需要对话者的反馈或需要依赖手势、语音等的辅助。就阶梯法而言，他们认为讨论的对象应该是在熟悉的使用情景下充满意义的物体。除语言能力外，儿童的精神状态水平和对心理原因的理解也是实施阶梯法所需的认知条件，因为阶梯法需要探寻的是用户对产品喜欢或不喜欢的深层原因。对此，Zaman和Abeele找到了证据[③]，证实学龄前儿童能够适当地、自然地在确认行为和事件的心理原因时使用词语来指代他

---

① SUBRAMONY D P. Introducing a means-end approach to human-computer interaction：why users choose particular web sites over others[J]. Information seeking，2002，3（1）：144-161.

② ZAMAN B，ABEELE V V. Laddering with young children in user experience evaluations：theoretical groundings and a practical case[C] //Proceedings of the 9th international conference on interaction design and children. ACM，2010：156-165.

③ MILLER P H，ALOISE P A. Young children's understanding of the psychological causes of behavior：a review[J]. Child development，1989，60（2）：257-285.

们的内在状态。Pálmadóttir研究也证明，1—3岁的儿童已经能够通过与朋友玩耍、参加活动等表现出价值观，包括玩具的所有权、他人的幸福感、社群的归属感等[①]。不过，Zaman和Abeele提出，受儿童的认知水平所限，儿童更加倾向于表达喜欢或不喜欢某产品的外部原因（被评价产品的特征，如游戏有很多具有挑战性的关卡），而很少表达内部原因（做出某项行为背后的个人特质，如我喜欢克服挑战）。对此，阶梯法的实施手段虽然能够在一定程度上帮助儿童从选择产品的外部原因（属性）深入到内部原因（结果、价值观），但由于发展阶段所限，儿童总是会给出抽象程度较低、显而易见且依赖于情景的回答，如"我喜欢是因为我在玩游戏时最厉害"等。

在对3款电子游戏体验的研究中，他们设置了3个研究问题：①学龄前儿童是否能够较为一致地说出自己喜欢的游戏？②学龄前儿童能否表达出属性、结果、价值观？③在儿童完成阶梯法访谈的过程中，共经过了多少层阶梯？能够获得多少个元素？是否足以支持产生对产品的评价，发现驱使儿童选择产品的深层原因？对此，他们邀请46名学龄前儿童（33—86个月龄，均值为54个月），对3款玩法接近的游戏进行体验。随后，他们首先使用"这个或那个"（this-or-that）方法，询问儿童对游戏的看法。该方法包括4个正向的问题和1个负向的问题：①哪个游戏最好玩？②你想要它作为礼物吗？③你想要再玩一次吗？④想要把它带回家吗？⑤哪个游戏你觉得不好玩？在此基础上，假装忘记了儿童最喜欢游戏的回答，再次询问他们最喜欢的游戏，并开始阶梯法访谈，当儿童以沉默回应或重复他们的答案或者显示出其他无法继续回答的迹象，阶梯法访谈结束。最后，在完成所有任务后，儿童得知为了奖励他们的配合，他们被允许再玩一次最喜欢的游戏。研究结果发现：①通过3次儿童选择游戏的比较，学龄前儿童在选择最喜欢的游戏上具有一致性；②儿童能够自然地表达出产品的属性和结果，但不能表达出选择该游戏背后的价值观；③由学龄前儿童建立的阶梯一般包含5个元素。此外，他们建议，选择5岁以上的学龄

---

① PÁLMADÓTTIR H, JOHANSSON E M. Young children's communication and expression of values during play sessions in preschool[J]. Early years, 2015, 35（3）:1-14.

前儿童能够提供具有更丰富意义的回答[①]。

2013年，Abeele等人选择了8款游戏让25名学龄前儿童评价[②]。验证了之前Zaman的研究，他们同样认为5岁以上的儿童更适合施用阶梯法。该研究构建的阶梯包含完整的属性、结果、价值观层级，且每名儿童建构的阶梯数量、阶梯中包含的元素数量均大于Zaman之前的研究。他们分析原因可能是由于被试年龄更大（均值为66个月），可供讨论的产品数量更多，且呈现次数更多（以配对的形式呈献给儿童，包含7次迭代）。

Zaman总结偏好研究需要包含两个步骤：一是观察，二是阶梯法访谈。在观察阶段，儿童自由或根据任务探索使用软件，研究者在旁记录，并结合情境分析儿童的表现。随后，研究者用阶梯法从正向（喜欢哪些部分）、负向（不喜欢哪些部分）两个方向发问，再步步追问。此外，Zaman证明，无论是实验室环境还是自然条件下，均可以使用阶梯法，但更推荐后者。她同时提醒研究者，中立、清晰、开放式的问题能够获得更多的信息，同时需要注意问题长度和追问程度，避免增加儿童认知负担与社会赞许效应。访谈中常用的技巧，如沉默、确认等均可以结合阶梯法施用。虽然阶梯法询问的是为什么的问题，但最好灵活设置追问问题，避免过多地使用"为什么"一词，因为对于儿童而言，"为什么"太过抽象，且包含原因和结果两方面提问，容易使儿童错误理解研究者的意思，而"是什么"能够令儿童更好地理解问题[③]。

① ABEELE V V，ZAMAN B，GROOFF D D. User experience laddering with preschoolers：unveiling attributes and benefits of cuddly toy interfaces[J]. Personal and ubiquitous computing,2012,16（4）:451-465.

② CELIS V，HUSSON J，ABEELE V V，et al. Translating preschoolers' game experiences into design guidelines via a laddering study[C] //Proceedings of the 12th international conference on interaction design and children. New York，USA:ACM,2013: 147-156.

③ ZAMAN B. Introducing contextual laddering to evaluate the likeability of games with children[J]. Cognition，technology & work,2008,10（2）:107-117.

2.3 学龄前儿童对图书馆服务的认知

国内外关于儿童图书馆使用的实证研究比较少，且多为6岁以上儿童的研究。如 Druin 就其团队开发的儿童数字图书馆系统向4个国家的学龄儿童调查使用感受，发现儿童虽然可以接受数字图书馆，但仍喜欢传统的实体图书馆，实体图书馆是与他人互动和阅读的空间[①]。现有的关于学龄前儿童对图书馆使用研究包括体验与设计两大主题。

在图书馆的设计方面，Chang 等人的研究表明，桌面形状影响亲子互动。花朵形状的桌子使得父母和孩子能够单独阅读，而圆桌有益于亲子互动。儿童倾向于坐或站在书架边来阅读。舒适而不受干扰的阅读空间是用户选择座位的主要因素，次要因素包括桌子和椅子的尺寸、桌椅的风格和馆内照明[②]。郑仁华等人的研究表明，适用于学龄前男童的书柜最佳高度为111.8—129.9cm，女童的为96.2—112.0cm[③]。

Hughes-Hassell 等针对公共图书馆为少年儿童设计的网站进行调查，发现大多数图书馆员指出少年儿童参与了他们的网页设计与开发。有的儿童部分参与了47家图书馆的贡献内容、设计创意、推荐链接、设计网站 logo 等，还有儿童完全参与了4家图书馆中的整个网站设计，但12家（占调查图书馆数量的19%）图书馆的网页没有少年儿童参与[④]。

---

① DRUIN A，WEEKS A，MASSEY S，et al. Children's interests and concerns when using the international children's digital library：a four-country case study[C] // ACM/IEEE-CS joint conference on digital libraries，2007：167-176.

② CHANG J H，TSAI P C. A study of user behavior in the parent-child reading area：a case study in Taipei public library[C] //International conference on human-computer interaction，2015：355-360.

③ 郑仁华，张平昕，邹俐均. 儿童书柜人性化设计研究[J]. 包装工程，2016，37（6）：87-91.

④ HUGHES-HASSELL S，MILLER E T. Public library web sites for young adults：meeting the needs of today's teens online[J]. Library & information science research，2003，25（2）：143-156.

通过对相关文献的梳理，笔者发现目前对于儿童图书馆使用的实证研究较少，以学龄前儿童作为研究群体的更是少见，研究者虽然已经就"倾听儿童的声音"达成共识，但距落实到研究实践中仍有一段距离。

2.4 学龄前儿童对图书馆服务的评价

2.4.1 学龄前儿童对图书馆日常服务的评价

虽然大量研究涉及用户对图书馆服务的满意度，但调查儿童的却不常见，其中涉及学龄前儿童的更是少之又少。但相较于国内，国外的研究起步早、研究内容具有体系性、研究方法相对规范。总结起来，对图书馆学龄前儿童服务部分的研究大致经历了以下3个阶段：

2.4.1.1 产出导向评价

美国北卡罗来纳中心大学从1971年起开始对本州的图书馆儿童服务进行年度调查，并将其作为图书馆学系的课程作业安排给学生。在其公开发表的报告中，可以看到学生们对图书馆的儿童服务（含学龄前儿童）部分进行了评估，包括规划、馆藏资源、活动、可获取性、使用便利性、财政等方面[1]。研究主要由图书馆学学生实行与评价，并没有请读者进行主观评价。这也是当时评估图书馆儿童服务的主要方法。

其他的还包括美国图书馆协会（American Library Association，简称ALA）下的公共图书馆协会（Public Library Association，简称PLA）出版的《公共图书馆儿童服务产出测量：标准化流程手册》[2]《产出评估和更多：为青少年规划和提供公共图书馆服务》[3]等出版物中的方法。《公共图

---

① PRICE J，WILLIS B. Evaluation report for institute for public libraries in service to young children. Higher education title Ⅱ-B Project，1971-1972[R]. Durham：Learning Institute of North Carolina，1972.

② WALTER V A. Output measures for public library service to children：a manual of standardized procedures[M]. Chicago：American Library Association，1992.

③ WALTER V A. Output measures and more：planning and evaluating public library services for young adults[M]. Chicago：American Library Association，1995.

书馆儿童服务产出测量：标准化流程手册》详细说明了对公共图书馆儿童服务的结果产出进行量化测量的方法。书中报告的产出测量是为了向儿童（14岁及以下人群）和他们的看护者反馈图书馆的儿童服务。手册包括6个范畴的内容：①图书馆使用，包括到访情况、图书馆建筑的使用情况与家具、设备的使用情况；②材料使用，包括流通外借情况、在馆使用情况、流通量；③材料可用情况，包括儿童、作业、绘本的供应比率（fill rate）；④信息服务，包括儿童的信息处理与信息处理完成情况；⑤项目情况，包括儿童的项目参与情况；⑥社群关系，包括班级到访率、儿童看护中心联系情况与年度社群联系情况[①]。

ALSC设置优先组Ⅱ——媒体评估（Priority Group Ⅱ—Evaluation of Media），从事儿童资源可获得性的评估、标准建立与激励工作[②]。该小组认为媒体资源是儿童图书馆中的重要部分，因此对媒体资源进行评价能够帮助儿童图书馆员与看护者在合适的时间将合适的书（音频、视频、软件、网页资源）给到适合的儿童手中[③]。

产出指标也是我国当前常用的图书馆服务评估方式，全国公共图书馆的评估定级中多为产出指标，如年文献外界量、年每万人参加读者活动人次等[④]。

2.4.1.2　效能导向评价

2003年，Walter整理了美国公共图书馆协会等机构对图书馆儿童服务的评价内容，发现政策制定者与经费来源机构开始要求评估采用更加精密的方式，表现在他们不再满足于展示产出（output）指标，还要求给

----

① WALTER V A. Output measures for public library service to children：a manual of standardized procedures[M]. Chicago：American Library Association，1992.

② Association for Library Service to Children（ALSC）. Priority Group II—Evaluation of Media[EB/OL]. [2016-12-18]. http://www.ala.org/alsc/aboutalsc/coms/pg2mediaeval/als-pgii.

③ WALLS T. Evaluation of media：ALSC priority group II[EB/OL]. [2020-12-14]. https://www.alsc.ala.org/blog/2007/12/evaluation-of-media-alsc-priority-group-ii/.

④ 文化部公共文化司. 文化部办公厅关于开展第六次全国县级以上公共图书馆评估定级工作的通知[EB/OL]. [2020-12-10]. http://zwgk.mcprc.gov.cn/auto255/201701/t20170117_477673.html.

出结果（outcome）指标[①]。产出指标指的是图书流转数量、咨询数量、参加活动的儿童数量等；结果指标则是产出指标结果的量化形式，即参加讲故事活动后或借阅了图书后读者所获得的变化。在此之后，读者开始参与图书馆的调研，回答一系列关于图书馆的服务如何帮助他们的问题。Walter 列举了三项较为知名的评估结果指标的项目，包括由博物馆和图书馆服务研究所（Institute of Museum and Library Services，简称 IMLS）资助的儿童与技术评估项目（Children and Technology Evaluation，简称 CATE），用于评估学龄儿童在图书馆中的技术使用情况；由 ALA 资助的青少年使用家庭作业中心帮助完成家庭作业情况的研究项目；由 PLA 与 ALSC 资助的对经过培训后的儿童看护者对儿童早期读写素养的效果评估项目。这些结果指标后用"效能"（effectiveness）一词指代。

孙云倩等通过家长的评价来衡量图书馆在促进学龄前儿童阅读意识和兴趣培养方面的效果。评价指标包括：儿童在图书馆时的阅读愉悦程度、对图书馆喜好程度变化、独立阅读时间变化、阅读量变化（从时间长短反映）、阅读内容变化、阅读兴趣变化等[②]。

2.4.1.3 满意度导向评价

近年来，尊重儿童用户的思潮在图书馆领域出现，如范并思认为，图书馆员的角色应该是以优质、平等、专业的阅读服务引导儿童阅读，而不是寻求对于儿童阅读行为的直接干预。现代图书馆的基本运作原理是搜集尽可能完善的文献信息资源并有序组织，保证使用者能够最有效地知晓文献、获得文献。他建议，可以用服务过程中生成的客观数据，如在儿童中评价较高、借阅量较大的读物，展示这些记录以帮助儿童选择读物，这样就比推荐经典书目更符合图书馆服务中立的立场[③]。在类似的思想影响下，一些儿童与学龄前儿童对图书馆服务的满意度评价与研究开始出现。

美国佐治亚州从 1968 年起，每年评选"佐治亚儿童图书奖"，让儿童

① WALTER V A. Public library service to children and teens：a research agenda[J].
Library trends，2003，51（4）：571-589.

② 孙云倩，许敬涵，俞洁丽，等. 图书馆对学龄前儿童阅读意识和阅读兴趣培养的影响研究[J]. 图书馆研究与工作，2011（2）：66-69.

③ 范并思. 拓展图书馆未成年人阅读服务[J]. 图书与情报，2013（2）：2-5.

票选最喜欢的书。奖项分为两个年龄组：学龄前到4年级学生票选绘本书，4—8年级儿童票选小说。首先由教师、图书馆员、媒体专家等人组成的委员会选出每组各20本备选图书，在接下来的一年里，老师与各种教育机构为儿童朗读备选图书，在每年1—3月，由学校与图书馆派专人组织儿童为自己最喜欢的图书投票，最终汇总结果，选出两项"佐治亚儿童图书奖"①。

Chandrasekar等调查了儿童对斯里兰卡的贾夫纳公共图书馆儿童部设施提供情况和服务的满意度。研究群体为750名3—14岁的少年儿童。调查显示，用户访问儿童区域的主要目的是阅读书籍和其他材料。与男孩相比，女孩对图书馆的环境更加满意。此外，掌握双语和只掌握一种语言的儿童对书架安排、图书馆环境和儿童项目的满意程度差异很大。但由于样本量过小（n<30）且读写能力尚处于发展水平，学龄前儿童的数据最终被剔除②。

Jeong将儿童图书馆解读为一种儿童游乐场，研究儿童图书馆内儿童最喜爱的地方。结果表明图书馆内的书架空间、特殊空间、封闭空间和高大空间更受儿童的欢迎③。

韩国的研究者开发了一套公共图书馆儿童服务评价体系，同时将服务质量（包括人员、图书馆资源与材料、空间与其他服务）和用户满意度纳入进来。评价体系通过询问韩国国家图书馆的儿童与少年部门的专家获得，在18个图书馆的图书馆员、儿童和本领域的研究者中施测④。

国内对儿童图书馆日常服务的满意度评价研究较少，且主要集中在学

① Participate and Vote [EB/OL]. [2016-12-09]. http://gcba.coe.uga.edu/gcba-awards/participate-and-vote/.

② CHANDRASEKAR K，SIVATHAASAN N. Children's section of the Jaffna public library：user satisfaction survey[J]. Library review，2016，65（1/2）：108-119.

③ JEONG N Y，LEE J Y. A study on the use of the children's library—Focusing on the miracle' library of Chung，Guyon [J]. Journal of the architectural institute of Korea planning & design，2015，31（6）：111-119.

④ DONG G O，KIM J S，CHOE S Y，et al. Developing and applying the evaluation measures for public library service to children[J]. Journal of the Korean society for library and information science，2007，41（4）：365-385.

龄儿童与少年阶段①。对于学龄前儿童，也多为全年龄段覆盖到的调查，缺乏针对该年龄段的研究。如刘梦璇使用问卷调查法对少儿图书馆用户教育（读者使用图书馆的技能）方面的满意度进行调查。调查对象为18岁以下的未成年人，其中有8名学龄前儿童参加，占全部被试的4%。问卷从对用户教育的了解程度、馆况教育、信息资源、信息技术、导读教育、安全教育与信息素养方面展开，让被试从有用程度、方便程度、满意度等方面进行评估②。

总结三种评价方式，可以发现对图书馆日常服务的评价从专家评价逐渐转向用户评价，客观指标转为主观评价的变化。不过，涉及学龄前儿童的调研主要采取两种方式：回避或由家长、专家等成人代理。

2.4.2　学龄前儿童对图书馆活动的评价

2.4.2.1　图书馆的学龄前儿童活动

图书馆为学龄前儿童开展多种多样的活动。一些行业指导文件与研究者对此进行了分类。

国际图联在《儿童图书馆服务指南背景文本》中指出，为儿童设计的活动包括展览、图书推广，其他有关儿童权利的媒体活动、工作坊、阅读和读写素养项目、其他休闲活动。自由和多样活动的实现需要充分运用现代方法，包括小规模团体活动、成对工作、角色扮演、被引导的幻想（guided fantasies）、讨论、小组协作工作等。这些方法和策略能够帮助儿童获得自由和非对抗性的沟通与合作所需的知识和技能③。

---

① 王平，茹嘉祎. 国内未成年人图书馆服务满意度影响因素——基于扎根理论的探索性研究[J]. 图书情报工作，2015，59（19）：41-46；刘方方. 少年儿童图书馆读者满意度调查设计及实践研究[J]. 图书馆论坛，2015，35（7）：61-67.

② 刘梦璇. 少儿图书馆用户教育读者满意度调查研究——以广州少年儿童图书馆为例[J]. 四川图书馆学报，2015（6）：58-60.

③ IFLA. The background text to the Guidelines for Children's Libraries Services[EB/OL]. [2018-04-10]. https://www.ifla.org/files/assets/libraries-for-children-and-ya/publications/guidelines-for-childrens-libraries-services_background-en.pdf.

美国儿童图书馆服务协会举例列出了可以为学龄儿童提供的图书馆活动，供图书馆员参考，包括图书相关活动、社区服务活动、手工活动、表演活动、食物活动、游戏活动、嘉宾活动、集锦活动（potpourri of programs）、微型活动（programming in a pinch/pocket programs）、科学活动、技术活动等[①]。

美国北卡罗来纳大学教堂山分校的信息与图书馆学院在"少年儿童图书馆管理"课程中总结图书馆可以举办的儿童活动，包括：作业辅导、图书馆员前往学校举办活动、学生前往图书馆参观、馆内活动、延伸服务活动。其中，馆内活动又可分为：由图书馆员提供的讲故事、图书讨论、手偶与手影等表演、主题工作坊（艺术手工、阅读兴趣小组、计算机）等，以及由非图书馆员提供内容的作者见面会、儿童表演、音乐欣赏科学讲座、当地名人讲座、艺术家表演等活动。在一份研究报告中，可以看到北卡罗来纳中心大学调查到的图书馆学龄前儿童活动包括音乐、小组讨论、玩游戏、手指操、艺术创作、剧目创作、手工、手偶剧、旅行、诗歌、电影制作等[②]。

范并思将图书馆的未成年人活动分为阅读推广活动和与阅读没有直接关系的活动，前者如亲子阅读、绘本阅读、户外阅读、新媒体阅读；后者包括志愿者活动、夏令营、游艺节目、知识竞赛等[③]。

虽然图书馆会提供多种多样的活动项目，但讲故事始终是能在绝大部分图书馆中找到的活动。此外，无论是行业的指导性文件还是研究论文，其中的"活动"也均指向了以提高儿童早期读写素养（early literacy）为目标的阅读活动。讲故事是图书馆中以学习为目的活动中的支撑性活动，它为新生儿到学龄前的儿童提供习得读写素养的机会[④]。这种活动在国外一

①　ALSC. Programs for school-aged kids[EB/OL]. [2018-03-30]. http://www.ala.org/alsc/kickstart.

②　PRICE J，WILLIS B. Evaluation report for institute for public libraries in service to young children. Higher education title Ⅱ-B Project，1971-1972[R]. Durham：Learning Institute of North Carolina，1972：83.

③　范并思. 图书馆服务中儿童权利原则研究[J]. 中国图书馆学报，2012，38（6）：38-46.

④　CAMPANA K，DRESANG E T. Bridging the early literacy gulf[J]. Proceedings of the American society for information science & technology，2011，48（1）：1-10.

般指讲故事（storytelling）活动，在国内被统称为阅读推广活动。

2.4.2.2 国内外的学龄前儿童阅读推广活动

在国外，讲故事是图书馆最传统、最经典、最热衷于举办的儿童活动。讲故事活动起源于20世纪40—50年代，图书馆员们开始意识到帮助儿童学习阅读是职业的价值所在。适逢"阅读准备"（reading readiness）理论开始兴起，即儿童需要在正式接触书本之前就做好心理准备。作为对这一理论的回应，"阅读时间"（reading hours）成了图书馆员的选择。活动一开始的目的仅仅是创造一个让儿童和同龄人一起培养读书兴趣的机会，但随后，从50年代开始，各地的图书馆员转变身份，利用图书馆员的知识和技能积极地参与"阅读时间"活动，成为儿童早期素养培养的主要角色。"阅读时间"也成为当今讲故事活动的雏形[①]。

当今的讲故事活动需要图书馆员依据个人喜好、专业建议、经过时间检验的实践、研究成果等指标选择材料。讲故事活动通常以书、诗、歌曲、手指游戏、表演等小型活动的形式展开，其中贯穿着从发展心理学角度适合且有益于儿童的押韵感、积极参与感、节奏感、重复感，以让儿童在学习环境中保持兴趣、乐趣[②]。

美国国家儿童健康与人类发展研究所（The National Institute of Child Health and Human Development）提出了帮助儿童成功阅读的6条重要读写技能，也是ALSC和PLA联合提出的"每个孩子都做好了阅读准备"（Every Child Ready to Read @ Your Library）项目的核心培养内容[③]，包括：

（1）对书籍的喜爱（print motivation）：儿童感兴趣并享受读书；

（2）语音意识（phonological awareness）：听到并与语言中短小发音

---

① ALBRIGHT M，DELECKI K，HINKLE S. The evolution of early literacy[J]. Children & libraries，2009，7（1）：13.

② MACLEAN J. Library preschool storytimes：developing early literacy skills in children[D]. Pennsylvania：Penn State University，2008：1-13；GHOTING S N，MARTIN-DIAZ P. Early literacy storytimes@ your library：partnering with caregivers for success[M]. Chicago：American Library Association，2006：41-43.

③ GHOTING S N，MARTIN-DIAZ P. Early literacy storytimes@ your library：Partnering with caregivers for success[M]. Chicago：American Library Association，2006：272.

互动的能力；

（3）词汇（vocabulary）：知道事物的名称；

（4）叙事技巧（narrative skills）：描述事物、事件和讲故事的能力；

（5）书籍意识（print awareness）：意识到印刷物，知道如何拿书，也理解如何阅读页面上的文字；

（6）字母知识（letter knowledge）：知道字母之间的区别、知道相同的字母可能看起来不同、了解每个字母都有对应的名称和发音。

这些技能在图书馆员们讲故事过程中传递给儿童，培养儿童的早期读写素养[①]。

2.4.2.3 学龄前儿童图书馆活动的评价

图书馆提供的讲故事活动为支持儿童的早期读写素养和入学准备提供帮助。因此，一直以来的活动评估多从儿童在活动中的表现着手，测试儿童通过活动掌握了哪些读写素养技能[②]，即以效能（effectiveness）作为活动的评估标准。

王素芳等梳理了发达国家和地区对儿童阅读推广项目的评估，对于参

① ALBRIGHT M，DELECKI K，HINKLE S. The evolution of early literacy[J]. Children & libraries，2009，7（1）：13；MACLEAN J. Library preschool storytimes：developing early literacy skills in children[J]. Library preschool storytimes，2008：1-13；DOWD F S，DIXON J. Successful toddler storytimes based on child development principles[J]. Public libraries，1996，35（6）：374-380.

② CAMPANA K，MILLS J E，CAPPS J L，et al. Early literacy in library storytimes：a study of measures of effectiveness[J]. The library quarterly，2016，86（4）：369-388；BROWDER D M，AHLGRIMDELZELL L，COURTADE G，et al. Evaluation of the effectiveness of an early literacy program for students with significant developmental disabilities[J]. Exceptional children，2008，75（1）：33-52；COOPER P M，CAPO K，MATHES B，et al. One authentic early literacy practice and three standardized tests：can a storytelling curriculum measure up?[J]. Journal of early childhood teacher education，2007，28（3）：251-275；HOLLANDS F M，PAN Y，SHAND R，et al. Improving early literacy：cost-effectiveness analysis of effective reading programs[EB/OL]. [2018-04-15]. http：//www.kc.vanderbilt.edu/pals/pdfs/Improving%20Early%20Literacy.pdf；GOULDING A，DICKIE J，SHUKER M J. Observing preschool storytime practices in Aotearoa New Zealand's urban public libraries[J]. Library & information science research，2017，39（3）：199-212.

与者的影响和满意度方面的测量，多采用对参与儿童在参与图书馆暑期阅读活动前后阅读成绩或能力进行前测和后测，对比参与阅读活动的实验组和未参与阅读活动的控制组儿童在阅读成绩或技能等方面的差异，以及对家长、教师、公共和学校图书馆员等相关方的问卷和访谈调查[①]。为了填补国内外儿童阅读推广项目缺乏系统性评估的空白，他们使用德尔菲法（专家调查法）和层次分析法，根据国内儿童阅读推广领域相关专家的意见，设计了图书馆儿童阅读推广活动综合评估指标体系，包括图书馆、用户感知、社会影响3个一级指标。图书馆维度是从图书馆资源投入角度评估活动成效，下设人员、活动、经费、社会资源整合4个二级指标；用户感知维度是从参与者满意度和受益度来衡量活动成效，下设满意度与受益度2个二级指标；社会影响维度是从活动产出及可能的社会效益角度来评估活动成效，下设活动规模、活动延续性、活动宣传推广、活动公平度、后续衍生品、用户追踪、阅读氛围的培育等7个二级指标。该体系涵盖了图书馆投入—产出和结果—影响多维度指标。该体系的参与者维度下设置参与者满意度和参与者受益度2个二级维度，包含交通、环境、氛围等23个指标。从评估指标体系的描述来看，该部分由参与者填写，但对适用的参与儿童年龄、认知水平等没有详细说明。

Campana等人在美国华盛顿州的30个图书馆系统中对1440名0—60个月的儿童通过讲故事活动获得的早期读写能力进行调查。他们使用观察法，通过自编的基准课程规划和评估框架（Benchmarks Curricular Planning and Assessment Framework，简称BCPAF）与活动评估工具（Program Evaluation Tool，简称PET）编码儿童小组在讲故事活动中的行为表现，评价公共图书馆中的讲故事活动是否有助于提升儿童的语言能力、读写能力、交流能力。BCPAF和PET均包含多项早期读写素养指标，如"理解力目标61-儿童能够用语言表达他们对事物的理解和看法"等[②]。

---

① 王素芳,孙云倩,王波.图书馆儿童阅读推广活动评估指标体系构建研究[J].中国图书馆学报,2013,39（6）:41-52.

② CAMPANA K, MILLS J E, CAPPS J L, et al. Early literacy in library storytimes:a study of measures of effectiveness[J]. The library quarterly,2016,86（4）:369-388.

　　Goulding 等人观察了新西兰城市公共图书馆中的学龄前儿童讲故事活动，发现这些活动的重点是提升儿童对书籍的爱好，但对其他的技能（如字母意识）没有过多的关注[①]。

　　戚敏仪直接调查了图书馆亲子阅读活动的读者满意度。她从活动预备、过程、收益3个维度进行问卷调查，但"考虑到儿童的年龄特点以及认知能力有限，只选取了家长作为调查对象"[②]。

　　巩媛媛采用问卷调查法与访谈法对山西省图书馆学龄前儿童阅读推广活动情况进行调研。由于学龄前儿童的理解能力与表达能力有限，问卷调查法的施测对象是学龄前儿童的家长。随后，她使用访谈法对20名学龄前儿童调查。问卷对推广主体、推广目标、推广内容、推广方式以及活动管理角度进行了调查。访谈询问儿童是否喜欢图书馆的活动、喜欢哪种活动、活动是自发前来还是父母要求3个方面，但对相关结果的报告不甚清楚[③]。

　　图书馆讲故事活动的评价以往都是从效用考虑，图书馆根据儿童早期读写能力的指标改变程度来定义活动成功与否，很少关注儿童是否喜欢这些活动，或者关注活动有哪些吸引参与者的内容或特质。对于儿童活动而言，效能与儿童的喜爱程度都是需要接受评估的项目，因为图书馆儿童活动设计的初衷是通过乐趣、娱乐性吸引儿童。此外，幼儿更注重生活的过程与开心快乐的情绪体验，希望能有更多的游戏机会[④]，快乐的体验才是支持儿童继续参与下去的动力[⑤]。因此，儿童对活动的喜爱程度也应是评估的

　　① GOULDING A，DICKIE J，SHUKER M J. Observing preschool storytime practices in Aotearoa New Zealand's urban public libraries[J]. Library & information science research，2017，39（3）：199-212.

　　② 戚敏仪. 图书馆亲子阅读活动读者满意度调查研究——以广州少年儿童图书馆为例[J]. 图书馆研究，2015，45（1）：112-118.

　　③ 巩媛媛. 山西省图书馆学龄前儿童阅读推广活动调查研究[D]. 保定：河北大学，2016.

　　④ 张娜. 不同主体视野中"好幼儿园"标准的比较[J]. 学前教育研究，2012（3）：9-14.

　　⑤ CARROLL J M，THOMAS J C. Fun[J]. ACM SIGCHI bull，1988，19（3）：21-24；BARENDREGT W，BEKKER M M，SPEERSTRA M. Empirical evaluation of usability and fun in computer games for children[M].Zurich：IOS Press，2003：705-708.

一项重要组成部分。

2.5　已有研究不足

本章首先梳理了学龄前儿童相关的研究内容与研究方法，作为本书的研究设计参考。之后，综述了图书馆学中关于学龄前儿童的研究，包括学龄前儿童对图书馆服务的认知与对于日常服务和活动的具体评价。通过研究回顾，笔者发现已有研究仍有以下空白：

学科整体而言，各个与儿童相关的学科均有大量关于学龄前儿童的研究，如发展心理学关注儿童的身体发展与认知能力，教育学关注教育对儿童发展的影响，社会学关注儿童在社会情境下的社会行为与表现，计算机科学关注儿童使用的交互计算机系统的设计、评估与运行等。其中，大部分涉及学龄前儿童的研究采用成人的研究视角与研究方法开展。目前，学龄前儿童视角的研究多集中于教育学领域，主题多为学龄前儿童对周围环境的评价，也有一些有关学龄前儿童的电子产品开始了直接从学龄前儿童用户处获得反馈的尝试。图书馆学虽然有一些关于学龄前儿童的研究，但尚未出现以学龄前儿童视角为中心的研究。

从方法论角度而言，既有的以学龄前儿童视角为中心的研究多移植于成人与青少年的传统社会调查方法（如观察、访谈、问卷调查等），少有研究应用专门针对学龄前儿童开发的研究方法。马赛克方法的认识论，即"儿童是存在而非有待转变的"与本书总体的认识论背景具有一致性，能够很好地支持研究展开。阶梯法虽然并非专门为学龄前儿童开发的方法，但其理论基础、操作方式均适用于学龄前儿童，且有以往的研究支持该方法在学龄前儿童群体中的应用。

对于图书馆学而言，涉及学龄前儿童的研究往往以两种方式处理：回避或寻找成人代理。前者一般涉及全部儿童的研究，采样往往包含了学龄前儿童，由于研究者认为学龄前儿童的表达与认知能力局限大或样本量过少，而对这部分样本做剔除处理。后者则是将学龄前儿童发声的权力转让给了家长或专家，由熟悉孩子生活习惯与行事态度的家长或持有有关学龄前儿童专业知识的专家代为发声。二者虽然表现不同，但实质相同，均认定儿童是"有缺陷的""非成人的"，从而不给学龄前儿童发声的机会，无视了儿童的话语权。对此，我们需要在学科内做到"超越成年霸权"①，尊重学龄前儿童、倾听儿童的声音。具体的做法，就是运用适当的研究方法，从学龄前儿童的视角，重新认识图书馆、审视图书馆的服务。

---

① BURROUGHS M D. Ideal adults，deficient children：the discourse on the child in western philosophy[D]. Tennessee：The University of Memphis，2012：190−207.

3 学龄前儿童对图书馆儿童服务的感知

在梳理出当前图书馆学内相关研究存在漠视儿童发声权力等问题的基础上，本书提出要从学龄前儿童的视角，重新认识图书馆。为了揭示学龄前儿童视角中的公共图书馆儿童服务，本章使用马赛克方法，综合运用摄影、访谈、绘画的手段，还原学龄前儿童对公共图书馆的感知。

3.1 问题描述

当前针对学龄前儿童开展的图书馆服务实践中仍多处渗透着以成人为中心的设计和管理理念。如某图书馆新建的儿童阅览室本设有卫生间，但由于儿童不能保持卫生间清洁而关闭，儿童只得使用阅览室之外距离较远的厕所；再如，某公共图书馆以"小孩太吵"为由，出台"谢绝14岁以下少年儿童入馆"的规定。类似的现象不胜枚举，从本书角度看，这些都是不了解少儿的发展特点、以成人为中心的做法，也反映出当前图书馆实践中对学龄前儿童读者仍是"管理"为主，缺乏服务意识。

学术界也是如此。Chandrasekar调查了3—14岁少年儿童对贾夫纳公共图书馆儿童部设施提供情况和服务的满意度，但由于学龄前儿童样本量过小且他们的读写能力尚处于发展水平，学龄前儿童的数据最终被剔除[1]。孙云倩等通过家长的评价来衡量图书馆在促进学龄前儿童阅读意识和兴趣

---

① CHANDRASEKAR K，SIVATHAASAN N. Children's section of the Jaffna public library：user satisfaction survey[J]. Library review，2016，65（1/2）：108-119.

培养方面的效果①。戚敏仪调查了图书馆亲子阅读活动的读者满意度，同时制定了对亲子阅读活动的评价指标体系，但"考虑到儿童的年龄特点以及认知能力有限，只选取了家长作为调查对象"②。此外，还有一些涉及学龄前儿童的评价指标多由专家制定③，没有询问儿童的观点。可以看出，图书馆学术界关于涉及学龄前儿童的调研主要采取两种方式：直接回避或由家长、专家代理。

图书馆实践界与学术界对于学龄前儿童读者的态度均渗透出传统的儿童话语，即"有缺陷的儿童"。图书馆排斥儿童"非成人化"的"不能保持卫生间清洁""不能保持安静""认知能力有限"等行为，认为这些行为"需要准备好被改造"或进行回避。这些认识使得图书馆的做法无异于在为儿童读者敞开图书馆大门的同时冰冷地将他们拒之于门外，从未尝试过倾听儿童的声音或站在他们的角度审视图书馆，以至于整个图书馆界很难回答一个基础的问题：学龄前儿童眼中的图书馆是什么样的？

了解学龄前儿童眼中的图书馆是所有关于学龄前儿童图书馆服务问题的基础，这使得"倾听儿童的声音""以儿童为中心""儿童视角"等相关理念与思想能够立足于儿童图书馆之中。这个问题关乎于学龄前儿童这一图书馆儿童服务的直接利益相关群体能否充分表达他们的看法、体验，为儿童图书馆服务的提升提供直接反馈。因此，本书尝试还原学龄前儿童眼中的图书馆，以实证证据证明"以儿童为中心"建设图书馆的必要性，并为之后的相关研究打下基础。

---

① 孙云倩，许敬涵，俞洁丽，等. 图书馆对学龄前儿童阅读意识和阅读兴趣培养的影响研究[J]. 图书馆研究与工作，2011（2）:66-69.

② 戚敏仪. 图书馆亲子阅读活动读者满意度调查研究——以广州少年儿童图书馆为例[J]. 图书馆研究，2015，45（1）:112-118;戚敏仪. 图书馆亲子阅读活动评价指标体系设计研究——以广州少年儿童图书馆为例[J]. 山东图书馆学刊，2015（1）:74-78.

③ 王素芳，孙云倩，王波. 图书馆儿童阅读推广活动评估指标体系构建研究[J]. 中国图书馆学报，2013，39（6）:41-52;戚敏仪. 基于德尔菲法的少儿文献评价指标体系构建[J]. 情报探索，2018（1）:56-62.

3.2　研究设计

3.2.1　研究目标

本书需要回答的问题是学龄前儿童对图书馆的感知，即学龄前儿童能够接收到哪些有关图书馆儿童服务的内容。由于没有以往的研究可以支持对此问题的回答，本书采取质性研究的手段进行开放性探索。

对这一问题的探索有助于我们反思专家、图书馆管理者、未成年人服务部门员工作为图书馆儿童服务的设计与提供者，他们所提供的服务能否被儿童感知到。在此基础上，才能尝试从儿童的视角找到更多潜在的儿童服务可能性。

3.2.2　研究群体与抽样

研究群体是3—6岁的学龄前儿童。研究通过两种途径招募被试：

（1）在馆偶遇招募：工作日白天、周末、寒暑假是学龄前儿童在图书馆出现的主要时段，均可以在图书馆偶遇。

（2）图书馆举办活动时统一招募：图书馆在寒暑假、周末经常会举办学龄前儿童相关的活动，可以在活动结束后招募被试。

抽样方式为质性研究中常用的偶遇抽样。具体的操作为：笔者与助手在图书馆对随机偶遇的学龄前儿童进行访谈。如遇到图书馆举办活动等机会，笔者先联系主办人员，在活动上进行宣传，请有兴趣的儿童在活动结束后参加研究。

我国开展未成年人图书馆服务的图书馆包括公共图书馆中的未成年人部分、独立建制的少年儿童图书馆、中小学图书馆①。由于中小学图书馆不

---

①　中国图书馆学会关于举办2016年全国图书馆未成年人服务提升计划——浙江站暨开展"少儿阅读推广人"培育行动（基础级）的通知_学会信息[EB/OL].[2016-12-13]. http://www.yzlib.cn/app/content.php/39054,0.html.

属于公共图书馆体系，暂不纳入本书的研究。因此，研究选择全国开展学龄前儿童图书馆服务的公共图书馆与少年儿童图书馆，实际选取样本包括天津港保税区文化中心图书馆、杭州少年儿童图书馆（现为杭州图书馆少儿分馆）、杭州市临安区图书馆、上海少年儿童图书馆、上海浦东图书馆、福建省少年儿童图书馆，共6座图书馆。

最终，参加研究的儿童共56人，信息见表3-1。

表3-1　受访学龄前儿童信息

编号	性别	年龄	图书馆	编号	性别	年龄	图书馆
FZ01	女	4	福建省少年儿童图书馆	HZ09	男	3	杭州少年儿童图书馆
FZ02	女	3.5	福建省少年儿童图书馆	HZ10	男	4	杭州少年儿童图书馆
FZ03	男	5	福建省少年儿童图书馆	HZ11	女	4	杭州少年儿童图书馆
FZ04	男	5	福建省少年儿童图书馆	HZ12	女	5	杭州少年儿童图书馆
FZ05	女	5	福建省少年儿童图书馆	HZ13	女	3	杭州市临安区图书馆
FZ06	女	3	福建省少年儿童图书馆	HZ14	男	3.5	杭州市临安区图书馆
FZ07	女	5	福建省少年儿童图书馆	HZ15	女	4	杭州市临安区图书馆
FZ08	男	5	福建省少年儿童图书馆	HZ16	男	4	杭州市临安区图书馆
FZ09	女	5	福建省少年儿童图书馆	HZ17	女	4	杭州市临安区图书馆
FZ10	男	4.5	福建省少年儿童图书馆	HZ18	女	3	杭州市临安区图书馆
FZ11	女	6	福建省少年儿童图书馆	HZ19	女	5	杭州市临安区图书馆
FZ12	男	4	福建省少年儿童图书馆	HZ20	女	4	杭州市临安区图书馆
FZ13	女	4	福建省少年儿童图书馆	HZ21	女	6	杭州市临安区图书馆
FZ14	女	4	福建省少年儿童图书馆	SH01	女	5	上海少年儿童图书馆
FZ15	女	3	福建省少年儿童图书馆	SH02	男	6.5	上海少年儿童图书馆
HZ01	女	3	杭州少年儿童图书馆	SH03	女	5	上海少年儿童图书馆
HZ02	女	6.5	杭州少年儿童图书馆	SH04	男	6	上海少年儿童图书馆
HZ03	女	5	杭州少年儿童图书馆	SH05	女	4	上海少年儿童图书馆
HZ04	男	4	杭州少年儿童图书馆	SH06	男	4.5	上海少年儿童图书馆
HZ05	女	5	杭州少年儿童图书馆	SH07	女	4.5	上海少年儿童图书馆
HZ06	女	4	杭州少年儿童图书馆	SH08	女	3	上海浦东图书馆
HZ07	女	5	杭州少年儿童图书馆	SH09	女	5	上海浦东图书馆
HZ08	男	3	杭州少年儿童图书馆	SH10	女	5	上海浦东图书馆

续表

编号	性别	年龄	图书馆	编号	性别	年龄	图书馆
TJ01	女	6.5	天津港保税区文化中心图书馆	TJ06	女	4	天津港保税区文化中心图书馆
TJ02	女	5	天津港保税区文化中心图书馆	TJ07	女	6	天津港保税区文化中心图书馆
TJ03	男	6.5	天津港保税区文化中心图书馆	TJ08	男	5.5	天津港保税区文化中心图书馆
TJ04	男	3.5	天津港保税区文化中心图书馆	TJ09	女	6	天津港保税区文化中心图书馆
TJ05	女	6	天津港保税区文化中心图书馆	TJ10	男	5	天津港保税区文化中心图书馆

资料来源：作者整理。

参与研究的学龄前儿童中，包括18名男童、38名女童；从年龄上看，11名为3岁、17名为4岁、18名为5岁、10名为6岁，平均年龄为4.57（SD=1.46）；从地区分布来看，10名来自天津港保税区文化中心图书馆，12名来自杭州少年儿童图书馆，9名来自杭州市临安区图书馆，7名来自上海少年儿童图书馆，3名来自上海浦东图书馆，15名来自福建省少年儿童图书馆（见表3-2）。

表3-2　受访学龄前儿童人口学特征

性别		年龄			
男	女	3岁	4岁	5岁	6岁
18	38	11	17	18	10
所在馆					
天津港保税区文化中心图书馆	杭州少年儿童图书馆	杭州市临安区图书馆	上海少年儿童图书馆	上海浦东图书馆	福建省少年儿童图书馆
10	12	9	7	3	15

资料来源：作者整理。

3.2.3　数据收集方法

研究采用Clark等人提出的马赛克方法的框架[①]进行数据收集。

笔者在被试招募过程中与研究开始之前均会告诉被试儿童与家长希望了解儿童对该图书馆的印象与体验，为改善图书馆服务提供依据。

在研究开始后，笔者先与家长一起陪同儿童聊天、玩玩具，消除儿童的焦虑。在正式施测过程中，儿童在低幼龄儿童阅览区域活动，除非参与研究的儿童与其他儿童间发生严重冲突或其他意外事件，家长与笔者不干预儿童的活动。

3.2.3.1　观察法

研究在自然条件下对儿童行为进行观察。观察的环境条件是在图书馆的低幼龄儿童阅览区域中进行，内有图书馆提供给儿童游戏与阅读用的各种玩具、用品、图书。儿童活动的房间是图书馆儿童平时活动的场所，室内环境整洁、光线明亮。经常来图书馆的儿童对室内的环境和玩具较为熟悉、无陌生感。观察以一名儿童从进入低幼龄阅览区域至离开为起止点，记录关于该儿童的一切行为。这些记录可以使儿童在图书馆中的活动更加鲜活，并且可以帮助我们与儿童、家长、从业者与其他研究者进行后续讨论。不过，这种方法是从成人的视角出发，仍需要其他以儿童视角为中心的数据收集方法进行补充。

3.2.3.2　摄影法

马赛克方法引入摄影方法来帮助低龄儿童记录他们的生活，这种方法不仅增加了儿童参与研究的兴趣与趣味性，同时也能够为研究者提供一个更加深入的视角。

笔者帮助参与研究的儿童学习相机的用法并拍摄第一张照片，并让儿童讲述照片内容与拍摄原因。在完成此项任务后，告知儿童可以拍摄任何照片，拍摄过程不可以离开图书馆的低幼龄儿童活动区域。在儿童拍摄照

---

① CLARK A，MOSS P. Listening to young children：the Mosaic approach [M]. 2nd ed. London：National Children's Bureau，2011.

片的时候，笔者也会以录音的方式记录下他们的话，为之后的深入分析提供素材。儿童拍摄完所有照片后，带他们回到访谈的地方，根据照片提示他们回忆拍摄照片的内容、原因，并进行讨论。

2011 年，Clark 等人在关于马赛克方法的书中提出相对较贵的数码相机可能是让儿童使用相机的局限之一，因为这不仅可能造成研究器械的损毁等直接损失，还会由于研究者过于关注器材的安全而引起焦虑，从而导致研究出现问题，因此他们建议使用一次性相机[①]。但如今，配备优越拍照性能的智能手机与卡片数码相机的普及使得器材的成本降低，因此本书的研究主要采用卡片数码相机作为主要研究器材。

3.2.3.3 访谈法

访谈是以儿童视角为中心收集数据的方法。由于过于开放的问题会造成低龄儿童的困惑，且过长的访谈会使儿童丧失兴趣导致其配合度降低，笔者选择半结构化访谈形式、以事实性问题为主，配合动机性、行为性、态度性问题，且控制时长在 20 分钟以内。

访谈问题围绕以下核心主题展开：

- 为什么来图书馆？是谁提出要来图书馆的？
- 这一次来图书馆做了什么？
- 在图书馆印象较深的经历。
- 在这里喜欢的活动、事物、地方与人。
- 在这里不喜欢的活动、事物、地方与人。
- 觉得困难/不方便的事情。
- 图书馆是什么？在图书馆里可以做什么？

访谈的地点将选在相对安静但能够看到其他儿童活动的空间，空间里避免过多的装饰。这样可以使儿童专注于访谈问题且避免产生紧张感。也有研究表明，让儿童在研究者的办公室能够让儿童感觉自己很重要，有助于儿童配合访谈的开展与提供更多的信息[②]。因此，笔者决定让儿童选择他

---

① CLARK A，MOSS P. Listening to young children：the Mosaic approach [M]. 2nd ed. London：National Children's Bureau，2011：28.

② CLARK A，MOSS P. Listening to young children：the Mosaic approach [M]. 2nd ed. London：National Children's Bureau，2011：22.

们认为舒适的场所接受访谈。

3.2.3.4　绘画法

在访谈结束后，笔者向儿童提供纸和彩笔，要求儿童画画。首先向儿童说明可以使用白纸和所有颜色的马克笔，并要求儿童完成一幅"关于图书馆的画"。在确认儿童明白主题之后，开始作画。全程除非儿童要求帮忙，否则不对绘画内容进行干预。

在儿童画画期间，笔者向儿童提问正在画的是什么。儿童结束作画后，要求儿童"请讲一讲你的画"，并对细节加以追问，这一过程将会被录音，用于之后的分析。

3.2.4　研究过程

研究正式开始之前，笔者首先进行了预测试。预测试的目的是检验研究设计对于研究群体的适用性、修订研究流程与内容。笔者在天津港保税区文化中心图书馆选择5位不同年龄、性别的学龄前儿童进行调查，修订访谈提纲与研究流程，最终形成本书的研究设计。

正式研究于2017年3—6月在天津空港保税区文化中心图书馆、杭州市临安区图书馆、杭州少年儿童图书馆、上海浦东图书馆、上海少年儿童图书馆以及福建省少年儿童图书馆进行。调查的6个图书馆涵盖公共图书馆、少年儿童图书馆这两种主要提供儿童图书馆服务的图书馆类型，并设有低幼龄儿童阅览区域。

研究正式开始后，笔者前往6个图书馆，了解各图书馆学龄前儿童区域的基本布局、藏书情况与读者高峰时间。在实际操作中，首先根据经验对每一位适龄儿童进行观察，了解他们的家庭情况、语言能力、性格，并记录他们在儿童图书馆内的行为。随后，寻找适龄儿童询问是否愿意参与研究。对于同意参与研究的儿童，向家长说明研究过程，征得同意后开始研究。研究以摄影法、访谈法、绘画法的顺序实施。将摄影法安排为第一步，不仅可以使儿童开始对儿童图书馆环境进行观察与思考，为之后的访谈做准备，同时能够使研究者与儿童在拍照时熟悉起来，消除儿童的陌生感，保证随后的研究顺利进行。由于儿童在绘画时投入的时间较长，绘画法被安排在最后，避免因为时间分配不合理而导致影响其他的研究进程。多数研究以摄影法、访谈法、绘画法的顺序进行，但当笔者发现儿童有怯生、腻烦等情绪时，会对方法实施顺序进行适当调整。在完成全部研究流程后，向儿童致谢，并赠送小礼物。笔者全程与儿童交流，除必要的背景补充、发音确认之外，不与家长做过多交流。对于家长干扰的资料（如指定孩子的拍照内容、绘画内容等），视为无效数据。

3.2.5 资料分析

本书采用扎根理论方法对收集到的访谈文本、观察资料、照片与绘画描述文本等资料进行分析，使用MAXQDA 10.0独立开展访谈文本的分析、比较等编码工作。

资料的编码工作按照扎根理论的3个步骤开展，即开放式编码、聚焦编码和轴心编码。在开放式编码阶段，首先对受访儿童的话进行初始登录与开放式编码。举例而言，一名女孩抱怨图书馆的小朋友太多了，她都没办法骑到最喜欢的小车，"老是要等等等"。同时，她也知道"这里的车是大家一起玩，不是一个人玩的"，即玩具需要分享。在开放式编码阶段，将其编码为"图书馆人太多"与"知道公共物品需要大家分享"。另一名女孩说，她和妈妈在图书馆外吃了东西，因为图书馆里不可以吃东西。于是，笔者将其编码为"知道图书馆不允许吃东西"。在聚焦编码阶段，根据上一阶段的编码确定主要的分析方向后，开始建立类属、归纳主要编码，以求综合与解释更大范围的数据。如上文的例子，均指向"图书馆是公共区域"与"理解图书馆的规则"，因此与其他相似的内涵的编码共同归纳成"理解图书馆是公共区域""需要遵守图书馆规则"。最后，进一步抽象，通过概念之间的比较与整合，形成轴心编码。如"图书馆是公共区域"与"理解图书馆的规则"经过比较，总结成为"图书馆是公共空间"，再将其与其他编码综合、比较，形成"图书馆是第三空间"等编码。

3.3 研究结果

研究共获得来自56名儿童的资料，包括45组照片（人均拍摄约13张）、46份访谈录音、7份观察记录、15份绘画作品。通过分析，本书总结学龄前儿童眼中的图书馆具有如下特征：

3.3.1 儿童图书馆是实体

无论是在照片、访谈还是绘画中，学龄前儿童均大量提及图书馆中的实物，将儿童图书馆视为实体。

在照片中，他们拍摄的内容包括图书、桌椅、装饰、设施与设备等物品，同龄人、家长等人物，画面中涉及静态的物体与动态的人物互动。在绘画中，学龄前儿童主要有两种创作模式：第一种是先画出图书馆的轮廓（房屋形状、矩形等），再在其中填充书架、人物等；另一种是直接画出书架或书来代表图书馆。

如果说摄影与绘画只能提供学龄前儿童视角中图书馆的静态切面，访谈则可以提供儿童视角中关于图书馆的动态画面。然而，在受访者的话语中，图书馆依然是由实物构成的地方，如最为普遍的观点认为，"图书馆是有很多书（可以看书）的地方""图书馆是可以玩玩具的地方"，反映了受访儿童对图书馆的理解，即图书馆是包含有书或玩具的地方，仍然是以实物构成的实体。

3.3.2 儿童图书馆是初级的第三空间

第三空间的概念由社会学家Oldenburg提出，指的是人们在家庭、工作之外的第三个空间，为人们结识朋友、讨论问题、与他人交往提供舒适的氛围。第三空间是各种各样的公共场所，拥有通用的设计，这里超出了家庭和工作的领域，会有周期性的、自发的、非正式的、令人期待的人与人的聚集活动[①]。

学龄前儿童对儿童图书馆的认知与"第三空间"内涵相近，包括儿童图书馆是公共空间、儿童图书馆不同于家庭与学校、儿童图书馆符合第三空间的特征，由于近似于第三空间的概念但非完全符合，本书称其为"初级的第三空间"。下面将结合受访者的摄影、绘画作品与访谈资料详细阐释。

3.3.2.1　儿童图书馆是公共空间

儿童认为图书馆是公共空间是这一结论的基础，因为第三空间首先是公共空间，表现为以下三点：①他们能够注意到陌生人及其行为；②能够认识到公共空间的规则；③能够感受到公共空间带来的限制。

对照上述表现，首先，受访儿童关注到了图书馆中的其他读者。大量由儿童拍摄的照片均表明，他们对陌生人表现出了兴趣。受访儿童拍摄的照片中既包括成年人，也有同龄人。照片中的人大多在读书或在书架边找书，也反映出儿童对图书馆功能的总体印象。此外，他们也注意到了陌生人的行为，如"图书馆被弄得乱七八糟的，我和大家说不要弄乱了"（HZ11）、"书都被人撕破了，我不喜欢"（FZ07），意味着在受访儿童眼中，图书馆是充满不受自己控制的人和行为的空间。

其次，一些儿童能够意识到公共空间的规则。对于玩具等设施设备，他们认为需要分享，如"这里的车（玩具车）是大家一起玩，不是一个人玩的"（HZ02）。他们认为要维护公共空间的规则与秩序，如"不在图书馆里面吃东西，因为不让，在楼外面可以吃"（HZ05）。

再次，大部分的孩子通过"想看的书都被借走了"（HZ04、FZ11）与人多带来的诸如"吵"（TJ01-02、FZ07）（见表3-3）、"桌子太少了，总是得等到别人走了之后才有"（TJ07）、"如果人多我们来就玩不上积木了"（HZ20）等抱怨表达他们感受到的公共空间带来的制约与不便，同样反映了图书馆作为公共空间的特征。

---

① OLDENBURG R. The great good place：cafes，coffee shops，bookstores，bars，hair salons and other hangouts at the heart of a community[M]. Cambridge，MA：Da Capo Press，1999：20-42.

表3-3 "这个图书馆比学校的图书馆吵一百倍"（TJ01）

研究者：你去过多少个图书馆啊？
儿童：这是第二个，因为我们学校还有一个图书馆。
研究者：那你觉得这个图书馆比你们学校的图书馆怎么样啊？
儿童：这个图书馆比学校的图书馆吵一百倍，因为这里是公共图书馆。

资料来源：作者整理。

3.3.2.2 儿童图书馆不同于家庭与学校

儿童眼中的儿童图书馆是第三空间的第二点支持来自他们认为图书馆是不同于家庭与学校（幼儿园）的地方，这与第三空间是人们在家庭、工作之外的第三个空间的定义一致。

在儿童眼中，图书馆不同于家庭的地方在于图书馆是不同于家的另一个场景，如"我一直在家里拼乐高，外面有雾霾，妈妈只好戴上口罩带我来"（TJ10）、"我说妈妈带我出去玩，她说到了我再告诉你，然后就来了图书馆"（HZ15）；图书馆的书和书架更多，如"家里的书架只有几个格子"（TJ01）。

图书馆不同于学校的表现为：图书馆拥有和学校不同的设施，包括书架（TJ01、TJ03）、桌椅样式（TJ01）；学校的朋友和图书馆的朋友不同（TJ01）；在学校和图书馆偏好学习不同的知识，如一名儿童提到他在图书馆与在幼儿园中不同的阅读偏好："在图书馆里我就喜欢读人文的书，在学校我就喜欢自然和科学的书"（TJ03）。此外，儿童们还提出图书馆有其他地方没有的东西，如墙面上其他小朋友的展示画（TJ01）、还书箱（TJ01、TJ10）、交互触摸屏（TJ03、TJ05、TJ10）、可借用iPad（TJ06、TJ09）、用于看书的软垫区域（TJ05、TJ09）、图书馆张贴的规定（SH01—02）。

不过，需要注意的是，此处从受访学龄前儿童回答中提炼出的与家庭和学校的不同多为表面上的区别，如家具设置、物品摆放的差异，并非Oldenburg的第三空间理论中概念层面上的区别。这也是本书称学龄前儿童眼中图书馆为"初级的第三空间"的原因。

3.3.2.3　儿童图书馆提供社交功能

社交功能是第三空间的另一大特点。第三空间中的人们更多地进行交往，产生创造性的活动。在本书中，图书馆的社交功能指图书馆激发了儿童的社交需求、提供了认识朋友的机会（TJ01、TJ05、TJ07、FZ06、FZ09），在这里，儿童结识了新的朋友（TJ05、FZ05—06、FZ09）（见表3-4），也巩固了以往的友情（TJ07、TJ09、HZ02、HZ18、HZ21、SH06—07、FZ08—09）（见表3-5）。还有三名儿童是通过他们的朋友才知道图书馆、来到图书馆的（TJ07、TJ09、HZ02）。

表3-4　认识新朋友的经历（FZ09）

研究者：在这个图书馆里，你有没有特别喜欢的人？
儿童：是上一次和我玩的有巴啦啦小魔仙魔法棒的人，她都会和我玩。
研究者：你是怎么认识她的呢？
儿童：我是和她一起玩救人的，然后我在那边发现了两个圆形的板子，我把它当成了我和她的小包包，可以是我们的化妆包也可以是我们的变身包。
研究者：那个小朋友是你主动认识她的，还是她主动认识你的?
儿童：是我主动认识她的。
研究者：为什么想要认识她呢？
儿童：我看到她非常漂亮，所以我想跟她玩。因为那个时候我没有看到有些人想跟我玩，然后我看到那边有一个小女孩儿，也没有人跟她玩，我就过去跟她一起玩。

资料来源：作者整理。

表3-5　和朋友一起来图书馆（TJ07）

研究者：你今天为什么来图书馆？
儿童：因为我的好朋友平平他妈妈来还书，这也是我们第一次来。
研究者：所以平平和你们说了你们就一起来了吗？
儿童：是我妈妈和平平的妈妈说了，然后我们就一起约定去图书馆。
（其他内容略）
研究者：那你在这里最不喜欢什么啊？
儿童：不喜欢……有时候平平不跟我玩，有时候还乱生气。

续表

（其他内容略）
研究者：下次还想过来吗？
儿童：（点头）
研究者：什么时候？
儿童：星期六、星期天。
研究者：那你想和谁一起过来呢？
儿童：跟我的弟弟，还有平平。

资料来源：作者整理。

3.3.2.4　儿童图书馆拥有轻松氛围

在第三空间中，人们摆脱了家庭、学校场景对人的角色、行为的约束，自由化程度更高。受访儿童同样认为图书馆是一个可以令人放松的地方。如，儿童表示"图书馆是能给我们快乐的地方"（HZ19、SH02），且他们的照片中多显示出他们对图书馆装饰的喜爱。

3.3.2.5　儿童图书馆设有丰富活动

图书馆为儿童提供的活动也得到了儿童的关注，儿童不仅在访谈中提及最近参加的如故事会、手工等活动（HZ12、HZ18、HZ20），也注意到墙上的活动照片与其他小朋友的绘画、书法作品展示（TJ01—03、TJ05—06、HZ02、FZ06）。

3.3.3　儿童图书馆是家庭和社会的重叠

儿童图书馆是家庭和社会的重叠是指，儿童在儿童图书馆中既享受家庭生活，又处在社会空间之中。

3.3.3.1　学龄前儿童在图书馆中享受家庭生活

儿童在图书馆中享受家庭生活，他们既在图书馆中与家长进行亲子互动、享受亲子时光，又在家长的引导、干预之下，因此，孩子在图书馆中的身份是"家长的孩子"。

在儿童图书馆中，家长与学龄前儿童的互动方式主要为3种：①为孩子阅读绘本、讲故事、共同选择阅读或将要借回家的书籍（TJ06、TJ10、

HZ12、SH01、SH03、SH07、FZ06—07、FZ11）；②与孩子做游戏、玩玩具（HZ13—14、SH01）；③为孩子解决如找不到书、够不着书等困难与问题（HZ05、HZ12）。这些互动使儿童与家长的关系更加亲密，并成为儿童喜欢来图书馆的原因之一。

同时，一些孩子的话语中也反映出家长的干预，如"这本刚刚妈妈没允许，但是我想借，这两本妈妈允许我借"（TJ03），此外，在笔者的观察中，可以看到大量儿童选择了多本书，家长进行筛选，或直接由家长挑书的现象。

无论是积极的引导，还是直接的干预，这些现象均可以被认为是孩子和家长延续了家庭生活中的模式，即将家庭生活带到了图书馆中。

3.3.3.2   学龄前儿童在图书馆中开始接触社会

儿童在图书馆中也开始了社会生活，他们不仅通过图书馆开始结识朋友、巩固友情（见3.3.2.3），也加深了对社会规则的认识（见3.3.2.1）、提升了自主性、扩展了自我认识，即儿童在图书馆中具有"社会人"的身份。

与那些和家长共同选择借阅的书籍或受到家长干预选书的同伴不同，一些儿童在图书馆中拥有较大的自由度与自主权。他们自主决定阅读或即将借回家的书（TJ05、TJ09、SH01、SH04—05）、自己决定参加活动时展示的故事（FZ06）、能够独立阅读（SH03）、自己用家长的读者卡向图书馆员完成借阅手续（TJ06），甚至在家长在成人阅览区时自己来到低幼区阅读或玩耍（HZ15、HZ19、HZ21）。

此外，一些儿童的话语反映出他们的自我认知，如"这是我们这些年龄看的，那边的都是小孩看的书"（SH04）。这些现象反映了儿童在图书馆中开始了进行社会生活探索的尝试，无论是结交朋友，还是不断增强的自我意识，都逐渐让学龄前儿童离开父母的怀抱，成为具有社会属性的人。

3.3.4   儿童图书馆是看书的地方，但不只是看书

在照片、访谈、绘画中，儿童大量提及书是儿童图书馆的代表与象征。但同时，儿童同样对儿童图书馆的非书物品、设施给予了极大的关注，包括玩具、iPad、游乐设施等以及儿童图书馆的其他功能。

3.3.4.1　儿童图书馆是看书的地方

书作为儿童图书馆的代表与象征通过两方面体现：一是儿童直接提及的书，二是与书相关的设施。所有儿童均提到来图书馆是为了看书或借书，且大部分儿童均将镜头对准了图书馆中的书，他们眼中图书馆是可以看书和借书的地方，他们在图书馆中最喜欢的东西是书。一些儿童关注到与书相关的设施与设备，包括书架（TJ01、TJ07、HZ12、HZ14、SH05等）、自助借还机（SH04）、还书箱（TJ01、TJ10）、新书推荐展板（SH07）等。除了上述图书馆中特有的设施设备，一些通用的设计在儿童眼中也因为在图书馆中而与书产生了联系，如天津港保税区文化中心图书馆提供的供儿童玩耍、躺卧的软垫，在儿童眼中成了"看书用的垫子"或"可以把书放在上面"（TJ03、TJ05、TJ08）。

此外，受访儿童将图书馆与家庭中的书、书房、书架等阅读空间联系起来，认为儿童图书馆的书可以用于补充家庭藏书。一些儿童在回答为什么来儿童图书馆的问题中，提到家里的书看完了，因此来图书馆看新书（TJ01、SH01），另一些孩子来图书馆专程为了借书回家（SH01—02、SH04、SH08、SH10）。将家与图书馆自然地联系在一起，反映了儿童将图书馆视为家庭"书库"，是家庭书房的延伸。

3.3.4.2　儿童图书馆的其他功能

儿童也注意到图书馆的非书物品与图书馆的其他功能。在儿童图书馆，儿童对图书馆提供的物品、设施有充分利用，他们使用iPad（TJ06、TJ09）、玩玩具（HZ10—11、HZ14）、在大型游乐设施（如滑梯、模拟厨房、爬行洞等）中玩耍（HZ04—05、HZ08、FZ09）。同时，他们也会利用图书馆的空间进行活动，包括在桌子上画画（FZ09）、在软垫上跳舞（TJ05）等。此外，儿童对图书馆的活动也有较深的印象，他们认为在图书馆里可以做手工（HZ12、HZ20、FZ09）、听故事（HZ18）、学习科学知识（SH02、SH04）等。

3.3.5　儿童图书馆培养了读者认同感

受访儿童在儿童图书馆中培养的读者身份认同包括以下内涵：经常造访图书馆、对图书馆规则的认同、对图书馆员及其工作的认识、信息检索能力的培养、意识到亲友同样是图书馆的读者、用户意识的萌发。

3.3.5.1 经常造访图书馆

受访儿童中的大部分多次来过图书馆，其中一些会主动和父母要求来图书馆（HZ12、HZ16、HZ18、HZ20、FZ10），也养成了定期来图书馆的习惯（如每个假期、每个还书日等）（TJ06、HZ10、HZ19、FZ10）。同时，一些第一次前来图书馆的受访儿童表示"下次还想来图书馆"（SH03、TJ07）。此外，研究中还有一些儿童提及他们带朋友，或由朋友带来图书馆的经历（TJ07、HZ02、SH06—07）（见表3-6）。

表3-6　带朋友来图书馆（SH06）

研究者：你今天为什么要来图书馆啊？
儿童：带我的朋友来看这里的书
研究者：那是谁说要来这里看书的呀？
儿童：我朋友。
研究者：当时她是怎么说的呀？
儿童：她说她没去过，所以想来这里。
研究者：那你来过这里是吗？来过多少次？
儿童：我来过这里好几次了。

资料来源：作者整理。

3.3.5.2 认同图书馆规则

儿童了解图书馆的规则包括他们能够明确表达出图书馆的规则，包括借阅/借用规定与流程（TJ03、TJ09、SH04）、图书馆开闭馆时间（SH08）、图书超期罚款（SH01、SH04、SH10）等，并对图书馆张贴的标示表示出兴趣（SH03）。受访儿童SH03拍摄的图书馆的标示实际内容为"请勿接打手机"与"看顾好您的孩子"，但他根据图示将其解读为"禁止看手机，还有小朋友要拉紧大人的手"，因为他"想要让大家知道图书馆不能看手机"。

3.3.5.3 认识图书馆员及其工作

儿童意识到图书馆员及其工作是指儿童能够区分图书馆员与其他人，并对图书馆员的工作有所认识。前者表现为儿童在找不到书时会主动寻求图书馆员的帮助（HZ02、HZ08），或抱怨图书馆员的不作为（TJ01）（见

表3-7）；后者表现为儿童眼中图书馆员的工作不仅包括帮助读者，也包括借还书（TJ01）、整理书（SH10）、找书（HZ02、HZ08）和管理、学习、执行任务（FZ09）等。大部分的儿童通过观察得知图书馆员的工作内容（见表3-7），还有的儿童通过书本了解图书馆员的工作（见表3-8）。

表3-7 观察到图书馆员的工作（TJ01）

研究者：这些叔叔阿姨们（图书馆员），让你感觉怎么样？
儿童：因为他们只管借书和还书，然后有些困难的地方他们也不跟我们说。
研究者：你遇到什么困难的地方他们没有跟你说呢？
儿童：我没有，但我看到过好多人有。

资料来源：作者整理。

表3-8 图书管理员的工作（FZ09）

研究者：你觉得在图书馆里可以干什么呢？
儿童：图书馆的管理员都是管理的，还有一些管理员都是学习的，还有些管理员都是执行任务的。（*此处可能为儿童误听问题做出的回答）
研究者：哦，有图书管理员。那你怎么分辨他们呢？
儿童：我妈妈给我买了一本图书馆的发现书，我就看到里边有好多好多人，都要去救人的，还有执行任务的。
研究者：你是看了那本书知道的？
儿童：是看了那个的。

资料来源：作者整理。

值得注意的是，一名儿童在图画中将"整理书架"的任务交给了机器人（FZ08），因为"如果由人整理书架就太麻烦了"。在儿童眼中，整理书架这种重复性的劳动可以由机器人处理，是否暗示着他们对图书馆员工作有新的要求？尚需要进一步探索。

3.3.5.4 培养初级信息检索能力

儿童在儿童图书馆中培养了初级信息检索能力，主要表现为他们知道藏书分布，即自己喜欢的书在哪些书架中（TJ09、SH04、FZ10）、会通过书的封面找书或判断是否继续阅读该书（TJ02、SH01、FZ10）。这些能力并没有使用系统性的检索策略或检索工具，因此本书称之为"初级的信息检索能力"。

通过观察与访谈，笔者得到了一些儿童找书的策略。他们主要根据封皮判断是否是自己喜欢的书（如在书架上的一摞书中一本本拨开露出封面），封皮中的颜色、角色是判断的主要依据（见表3-9）。这些信息可以为我们今后服务儿童图书检索、帮助儿童找书提供支持。

表3-9 找书的判断依据（HZ02）

研究者：我看你来的时候在问阿姨西瓜和蚂蚁的书，为什么想要这本书？
儿童：上一次小雨也在找这本。
研究者：你是想借给小雨看吗？
儿童：不是的，我们就是在图书馆看，不带回去。
研究者：那你是怎么知道这本书的？
儿童：就是标志牌上面有，我就一直想找到，可是找不到，姥姥也帮我找书了。
研究者：那怎么办？
儿童：我也不懂。上次服务员说我们要到门口去找找，可是他们也找不到。其他朋友也找不到。这几本书他们都找不到吗？标志牌上的都找不到？
研究者：标志牌上没有西瓜和蚂蚁吗？
儿童：我看见了有的呀。就是黄色边边，上面写着蚂蚁和西瓜，有个蚂蚁在西瓜上。

资料来源：作者整理。

3.3.5.5 意识到亲友同样是图书馆的读者

一些儿童的亲友带他们来图书馆，但在调研时前往了馆内的其他区域，如讲座、成人阅览区、青少年阅览区等（TJ06、HZ15、HZ19）。儿童在报告这些去向的同时，也反映了他们能够认识到图书馆的功能不限于低幼龄儿童服务。

3.3.5.6 萌发用户意识

一部分儿童对图书馆的抱怨与建议显示出他们已经开始萌发出用户意识，能够对儿童图书馆的服务提出要求、给出改善建议。总结起来，包括馆藏建设建议［如补充儿童感兴趣主题的馆藏、增加玩具等（HZ06、HZ08、SH01）］、借阅体验建议［如图书摆放过紧（SH10）、书太重（FZ10）、借iPad程序过于烦琐（TJ09）等］、活动建议［如建议请动物学家讲解动物的习性（SH02）]、布局建议 [如厕所太远了（HZ05）、希望增加科学实验室（SH02）、希望增加装饰（SH04、SH09）等]。

在访谈时，受访儿童说厕所太远了是图书馆令他感觉不方便的地方，家长则称是孩子贪玩，说"总是要憋到最后一刻才去"。反映了家长与儿童态度的差异。

3.4 讨论

3.4.1 学龄前儿童视角下的儿童图书馆是实体

IFLA将公共图书馆定义为由社区通过国家、地方政府或其他社区组织建立、支持和资助的图书馆；它向一个社区的所有成员，不管其种族、国籍、年龄、性别、宗教、语言、身体条件、经济及就业状况如何，平等开放；通过向社区成员提供各类资源和服务，使他们可以获取知识、信息、终身学习、创作类作品[①]。根据于良芝的解读，这个定义包含了4个基本内涵，其中之一是公共图书馆通过其提供的资源和服务，保证公众能够获取其需要的人类知识及信息[②]。《中华人民共和国公共图书馆法》中，公共图书馆是指向社会公众免费开放，收集、整理、保存文献信息并提供查询、借阅及相关服务，开展社会教育的公共文化设施[③]。总结这些定义与学者的研究，可以看出在当前图书馆界的话语体系中，公共图书馆与"信息""服务"牢牢结合在一起：公共图书馆为公众提供资源与服务，资源作为信息的载体使得公众通过使用资源获取信息，服务则是为了让公众更好地使用信息（如流通阅览、参考咨询等）。

但本书发现，学龄前儿童视角中的公共图书馆与上述定义中描绘的公共图书馆形象并不完全重合，也与当下诸多图书馆发展趋势有所背离，表现在：

---

① KOONTZ C，GUBBIN B. IFLA public library service guidelines[M]. Berlin：De Gruyter Saur，2010：1.

② 于良芝. 图书馆情报学概论[M]. 北京：国家图书馆出版社，2016：205-206.

③ 中国人大网. 中华人民共和国公共图书馆法[EB/OL]. [2018-06-22]. http://www.npc.gov.cn/npc/xinwen/2017-11/04/content_2031427.htm.

首先，学龄前儿童在公共图书馆中关注实体书与作品，而非信息。在研究中，无论是受访儿童直接提及书的方式（抽出书架上的书拍照、使用"看书""借书"等表达方式、画出一本本的书），还是一些受访儿童将图书馆里的各种物品赋予与书相关的职能（如看书的垫子），都可以发现学龄前儿童视角中的书是偏重于实体化的、作为载体形式的书。当受访儿童详细描述书的时候，会采用白雪公主、蚂蚁和西瓜、动物、小汽车等主题表达。这使得书作为载体承载的是一份在学龄前儿童眼中无法再分割的作品，而非包含文字、图画与意义组合而成的信息。换言之，本书中的学龄前儿童视角下公共图书馆的书是实体化的，他们承认书是载体，内部承载的是一份作品，而并没有意识到这些可以使他们获得信息。

其次，学龄前儿童几乎没有注意到图书馆中的服务。虽然没有明确的有关图书馆服务的定义，但根据IFLA的文本描述与我国的定义，公共图书馆的服务并不包含提供资源等实物形式，而是以非实物形式满足读者需求的各种活动（如流通阅览、参考咨询等）。研究中虽然没有儿童直接提及"服务"二字，但根据上述定义，有两名受访儿童提及图书馆员帮助自己找到书的经历，一名儿童看到图书馆员不帮助解决困难，这些都可以被视为学龄前儿童对图书馆服务有了体验与理解。虽然这暗示我们部分学龄前儿童开始意识到图书馆提供的服务内容，但与全部受访儿童采用对书、玩具等可触摸的实体物品的知觉行动来描述图书馆的功能（如"图书馆是看书的地方""图书馆是玩玩具的地方"）和对于讲述书或玩具带给他们经历的热衷相比仍相差悬殊。这反映出在学龄前阶段，儿童还是无法对图书馆的服务产生感知及提出要求。

最后，学龄前儿童视角中的公共图书馆是一个实体空间，内有可触摸的实物与人，这就与当下主张的"无墙图书馆"概念不兼容。IFLA指的无墙图书馆包含两类：①将公共图书馆服务由图书馆建筑内推广到建筑外的整个社区；②使用信息通信技术（Information Communication Technology，简称ICT）制作出的网络化、数字化的"移动图书馆""数字图书馆"[①]。对于前者，学龄前儿童视角中的图书馆总存在于一个被他们称

---

① KOONTZ C，GUBBIN B. IFLA public library service guidelines[M]. Berlin：De Gruyter Saur，2010：14-15.

为"图书馆"的建筑之中，这也就意味着学龄前儿童眼中的公共图书馆是"有墙的"。后者中的产品基于虚拟的互联网，其中所有的资源数字化，通过移动端或计算机与用户相连，这种间接的关联使得儿童触摸到的并非是实体资源或图书馆中的实物，也不是学龄前儿童视角中的图书馆。

3.4.2 学龄前儿童视角下的儿童图书馆是初级第三空间

本书称学龄前儿童眼中的图书馆为"初级第三空间"是因为它具有一些第三空间的特征。

在 Oldenburg 的描述中，第三空间具有如下特征：中立空间、平等、谈话是主要的活动、包容性与可接入、规律性、低调、轻松氛围、一个家以外的家[①]。比较儿童的视角与 Oldenburg 的定义，可以发现一些特征具有相似的内涵：

在第三空间中，谈话是主要的活动。谈话不仅指的是人们之间的对话，包含交谈或鼓励交谈的活动与机构也属于此[②]。在儿童图书馆，儿童通过简单的打招呼后就开始了交谈，他们共同分享图书或玩具，或参与活动。对话自然而然的发生并随着儿童之间的每次互动而得到增强。

很多儿童报告他们定期来到图书馆。这与第三空间的"规律性"特征吻合。儿童每周末、还书日甚至每天来到图书馆，成为图书馆的"常客"。对于新到馆的读者，被图书馆的读者群体接纳并不困难，还有一些儿童是被同龄人或家长带来图书馆，成了图书馆的"老读者"。因此，相较于仅包含成人的第三空间来说，在儿童图书馆中，信任与友谊往往能够更快地建立起来，使得新到馆与常来图书馆的儿童们成为定期到馆的用户。

受访儿童喜欢图书馆使得图书馆成为具有轻松氛围的地方。儿童的摄影展示了他们最喜欢的地方与事物，他们用太阳、云朵、彩虹或多彩的墙面来装饰图书馆，均反映了图书馆是一个他们喜欢的地方。因为学龄前儿

---

①② OLDENBURG R. The great good place：cafes，coffee shops，bookstores，bars，hair salons and other hangouts at the heart of a community[M]. Cambridge，MA：Da Capo Press，1999.

童倾向于用更亮的、多样的颜色来表达积极的情绪[1]。

对于本书中的学龄前儿童来说，儿童图书馆是公共空间，不同于家庭与幼儿园/学校。儿童图书馆具有社交功能，可以帮助他们认识新朋友或巩固友情。这是一个充满乐趣的空间，还有很多有意思的活动让他们印象深刻。虽然这个年龄段的儿童尚无法用抽象概念"中立、平等、低调"等来描述图书馆，但其他的一些内涵与Oldenburg的第三空间概念十分近似。这表明学龄前儿童对图书馆的态度和感受与成年人相似，需求相近。通过我们的努力，经常来图书馆的儿童最终可以从他们的角度理解与诠释图书馆的使命、熟悉图书馆并成为终身用户。

3.4.3 学龄前儿童在儿童图书馆中具有人际需求

本书发现了学龄前儿童在图书馆中对人际关系的重视与人际需求。儿童图书馆领域以往较为强调馆藏与活动[2]，相应的，儿童图书馆评估的基本标准包括资源与活动项目[3]。但是，本书通过研究发现，学龄前儿童十分看

---

① ARCARI S，FERRO R. Preschool children and relative analgesia：satisfaction grading through a verbal questionnaire[J]. European journal of paediatric dentistry，2008，9（1）：18–22.

② IFLA. Guidelines for children's library services[EB/OL]．[2016–07–13]．http：//www.ifla.org/publications/guidelines-for-children-s-library-services；IFLA. The background text to the guidelines for children's libraries services[EB/OL]．[2018–04–10]．https：//www.ifla.org/files/assets/libraries-for-children-and-ya/publications/guidelines-for-childrens-libraries-services_background-en.pdf.

③ CHANDRASEKAR K，SIVATHAASAN N. Children's section of the Jaffna public library：user satisfaction survey[J]. Library review，2016，65（1/2）：108–119；刘方方．少年儿童图书馆读者满意度调查设计及实践研究[J]. 图书馆论坛，2015，35（7）：61–67；刘梦璇．少儿图书馆用户教育读者满意度调查研究——以广州少年儿童图书馆为例[J]. 四川图书馆学报，2015（6）：58–60；戚敏仪．图书馆亲子阅读活动读者满意度调查研究——以广州少年儿童图书馆为例[J]. 图书馆研究，2015，45（1）：112–118；戚敏仪．图书馆亲子阅读活动评价指标体系设计研究——以广州少年儿童图书馆为例[J]. 山东图书馆学刊，2015（1）：74–78；戚敏仪．基于德尔菲法的少儿文献评价指标体系构建[J]. 情报探索，2018（1）：56–62；SEONG E H，KIM S. A study on the service quality evaluation of children's libraries using LibQUAL+[J]. Journal of the Korean society for information management，2015，34（2）：29–53.

重他们的人际关系。他们与监护人在一起，听家人讲故事读书，和同龄人游戏和交谈，注意到了图书馆员与陌生人。在学龄前儿童的视角中，图书馆不仅是接触到馆藏资源与参加活动的空间，也是公共空间。因此，当设计公共图书馆儿童区域与服务的时候，需要注意儿童的社交需求。举例而言，Chang 等发现花朵形状的桌子能够允许家长和儿童独立工作，圆桌可以使得家长和儿童有更多的交流①。类似的研究成果都可以应用于学龄前儿童的图书馆服务中，提升他们的人际交互体验。

3.4.4　学龄前儿童受所处情境影响大

在研究中，笔者还发现儿童受图书馆空间的制约较大。这表现在儿童（尤其是更年幼的儿童）的访谈、绘画很少超越目前所处的图书馆环境而提出新的设想。如天津港保税区文化中心图书馆为儿童提供iPad，儿童表示"图书馆是可以玩iPad的地方"，但并没有儿童提出希望图书馆增设玩具区的建议；福建省少年儿童图书馆的学龄前儿童活动区域主要在2楼，家长们多使用升降电梯带儿童前往，在他们的画作中，常常有升降电梯的存在。笔者推测，这是因为该年龄段儿童的认知水平受所处环境的影响较大，他们认识空间多依靠自己的视线和身体所能触及的途径②。但与此同时，这一特征也可以被理解为，儿童在图书馆体验到的越多，对图书馆的看法就越丰富。这提示我们，在图书馆中为儿童提供更多的服务项目是拓展儿童对图书馆认识的有效途径。

3.4.5　马赛克法的应用

3.4.5.1　马赛克法在学龄前儿童群体中的应用
本书的发现证明了马赛克法能够用于学龄前儿童对图书馆感知的研

---

① 　CHANG J H，TSAI P C. A study of user behavior in the parent-child reading area：a case study in Taipei public library[C] //International conference on human-computer interaction，2015：355-360.

② 　BRAZELTON T B，SPARROW J. Touchpoints-three to six[M]. New York：Perseus Books，2002：35.

究。由于马赛克法是专门针对学龄前儿童开发的方法，因此，在学龄前儿童群体中的顺利应用，揭示了多项学龄前儿童对图书馆的感知。

马赛克方法可以用于帮助研究者对幼龄儿童生活中的重要细节有更清晰的认识，所谓的重要细节是指对他们来说意义重大的人、地点和物品，以及这些东西所包含的感觉①。在该方法的创建人Clark与Statham的研究中，地点被受访儿童赋予丰富的意义。在研究中，幼龄儿童受访者根据他们与人的关系、过去的事件、事物和日常活动以及他们是否被允许进入，定义了他们居住的空间。如，幼儿园中的父母室是"要和父母说再见的地方"、园外的游戏场地是"骑自行车的地方"等②。本书同样发现儿童眼中的地点、物体承载了丰富的意义与个人经历，如垫子是"看书用的垫子"、图书馆"是看书的地方"等。

3.4.5.2 马赛克法的局限

考虑到同时施用所有马赛克法下属方法时间过长，可能会造成儿童的腻烦情绪，本书仅选择了摄影法、访谈法、绘画法三种方法探索学龄前儿童对图书馆的主观认知。这也是马赛克法的局限所在，由于学龄前儿童注意力时间短，无法在一次研究中施用马赛克法框架下的所有方法，可能导致调查不够全面。考虑到一些参与研究的儿童是第一次使用图书馆，本书选择了三种无须儿童对环境十分熟悉的方法探索儿童对图书馆的认识。然而，对于一些经常来图书馆的儿童，采用旅行法与相册制作方法可能会激活儿童关于图书馆的记忆与体验，可能会获得一些新的研究发现。

此外，马赛克法的目的是还原儿童视角下的生活环境，能够很好地揭示儿童视角中的生活环境与对周围事物的态度，但对于儿童为什么持有某些观点、对于环境与事物的态度等深层原因的解释力不足。

3.5 本章小结

通过对学龄前儿童的观察、访谈、分析摄影与绘画作品，本书还原了

---

①② CLARK A，STATHAM J. Listening to young children：experts in their own lives[J]. Adoption & fostering，2005，29（1）：45-56.

他们眼中的儿童图书馆，并发现其具有如下特征：儿童图书馆是实体，是初级的第三空间，是家庭与社会的交界，是看书的地方（但不只可以看书），儿童能够在其中培养对自身读者身份的认同。

这些内容不仅表明学龄前儿童眼中的儿童图书馆具有的特征，也暗示低幼龄读者已经开始形成了对图书馆的认识与理解，并对图书馆提出要求。其中学龄前儿童将儿童图书馆视为实体和初级第三空间、学龄前儿童在儿童图书馆中具有人际需求是本书比较有价值的发现，揭示了学龄前儿童独特的认知特征与需求。因此，相较于使用成人的视角与思维去设计与提供儿童图书馆服务，我们更应尊重儿童发声的机会、倾听儿童的声音。

虽然本书已经取得了一些学龄前儿童视角中的儿童图书馆的特征，这些特征带给他们什么感受、他们是否喜欢图书馆提供的资源与服务等问题尚待解答，需要进一步挖掘。

4　学龄前儿童对图书馆儿童服务的偏好

上一章对学龄前儿童的图书馆儿童服务感知情况进行了调查。本章是对此的进一步探索，即学龄前儿童在图书馆中喜欢的服务内容及理由。这部分研究将图书馆服务细分为图书馆日常服务与图书馆活动两个部分，以更全面地了解学龄前儿童对图书馆服务的看法。

4.1　问题描述

公共图书馆学龄前儿童服务的一项重要功能是提升读写素养[①]，因此，

---

① IFLA. Guidelines for children's library services[EB/OL]. [2016-07-13]. http://www.ifla.org/publications/guidelines-for-children-s-library-services；文化部公共文化司. 文化部办公厅关于开展第六次全国县级以上公共图书馆评估定级工作的通知[EB/OL]. [2020-12-10]. http://zwgk.mcprc.gov.cn/aut0255/2017/01/t20170117_477673.html；IFLA. The background text to the guidelines for children's libraries services[EB/OL]. [2018-04-10]. https://www.ifla.org/files/assets/libraries-for-children-and-ya/publications/guidelines-for-childrens-libraries-services_background-en.pdf；GOULDING A，DICKIE J，SHUKER M J. Observing preschool storytime practices in Aotearoa New Zealand's urban public libraries[J]. Library & information science research，2017，39（3）：199-212；ALSC. Competencies for librarians serving children in public libraries[EB/OL]. [2016-08-15]. http://www.ala.org/alsc/edcareeers/alsccorecomps；VANOBBERGEN B，DAEMS M，TILBURG S V. Bookbabies，their parents and the library：an evaluation of a Flemish reading programme in families with young children[J]. Educational review，2009，61（3）：277-287.

大量的发展心理学与教育学理论、图书馆的行业规程用于保证图书馆儿童服务能够有效提升读者的读写素养，故而对图书馆服务的评价也多从是否发展了儿童读写素养的各项指标来施行①。虽然阅读与读写素养能力的培养是图书馆的重要职能，但图书馆仍需要以符合学龄前儿童发展规律与兴趣的方式来实现，因为快乐的体验是使得儿童能够持续参与的动力②。当考虑到这些问题时，图书馆服务能够在多大程度上吸引学龄前儿童就成了需要考虑的基础目标。

由于被认为认知与表达能力有限，学龄前儿童总是被排除在主观评价方式之外，在有限的关注中参与一些包含有客观指标的读写素养效能评价，这使得我们对儿童对图书馆服务的体验与满意度一无所知。因此，为了提升图书馆学龄前儿童服务，学龄前儿童必须参与评价与决策，表达他们的观点。

近年来，一些专为幼龄儿童设计的方法在用户体验领域得到了较好的应用，包括上一章使用的马赛克方法及其所包含的摄影法、绘画法、角色

---

① BROWDER D M, AHLGRIMDELZELL L, COURTADE G, et al. Evaluation of the effectiveness of an early literacy program for students with significant developmental disabilities[J]. Exceptional children, 2008, 75（1）:33-52;COOPER P M, CAPO K, MATHES B, et al. One authentic early literacy practice and three standardized tests:can a storytelling curriculum measure up?[J]. Journal of early childhood teacher education, 2007, 28（3）:251-275;HOLLANDS F M, PAN Y, SHAND R, et al. Improving early literacy:cost-effectiveness analysis of effective reading programs[EB/OL]. [2018-04-15]. http://www.kc.vanderbilt.edu/pals/pdfs/Improving%20Early%20Literacy.pdf;GOULDING A, DICKIE J, SHUKER M J. Observing preschool storytime practices in Aotearoa New Zealand's urban public libraries[J]. Library & information science research, 2017, 39（3）:199-212;王素芳, 孙云倩, 王波. 图书馆儿童阅读推广活动评估指标体系构建研究[J]. 中国图书馆学报, 2013, 39（6）:41-52.

② CARROLL J M, THOMAS J C. Fun[J]. ACM SIGCHI bull, 1988, 19（3）:21-24; BARENDREGT W, BEKKER M M, SPEERSTRA M. Empirical evaluation of usability and fun in computer games for children[M] Zurich:IOS Press, 2003:705-708.

扮演法、地图法、旅行法等的单独施测[①]。在前文中，这些方法能够揭示学龄前儿童眼中的图书馆学龄前儿童服务给他们留下的印象，但其中学龄前儿童喜欢哪些服务、为什么喜欢这些服务尚有待回答。

阶梯法是一种包含数据收集与分析的用户体验研究方法，不仅可以揭示学龄前儿童对图书馆服务的偏好，同时能够追问为什么他们会产生如此的喜好。阶梯法还提供了通过更深入的、内因性的探索揭示儿童视角的框架，并标识出了应该解决或改进的具体问题[②]。使用这种方法，可以实现"倾听儿童的声音"，调整图书馆的服务，使之更适合幼龄读者。

公共图书馆提供的服务中，活动是重要的组成部分。在所有活动中，又以儿童活动为主。2010年的一项调查显示，全美国公共图书馆举办的357万项活动中，有61.5%是为儿童提供的[③]。我国虽无明确统计数据，但少年儿童图书馆评估定级标准，将活动细分为阅读推广活动、年读者活动

① CLARK A，MOSS P. Listening to young children：the mosaic approach [M]. 2nd ed. London：National Children's Bureau，2011；PICKERING D. Creative Mosaic methods：hearing the "voice" of children with disabilities[J]. International journal of therapy & rehabilitation，2013，20（7）：221-224；PICKERING D，HORROCKS L M，VISSER K S，et al. Every picture tells a story：interviews and diaries with children with cerebral palsy about adapted cycling[J]. Journal of paediatrics and child health，2013，49（12）：1040-1044；EINARSDOTTIR J，DOCKETT S，PERRY B. Making meaning：children's perspectives expressed through drawings[J]. Early child development & Care，2009，179（2）：217-232. MARKOPOULOS P，READ J C，MACFARLANE S，et al. Evaluating children's interactive products：principles and practices for interaction designers[M]. Burlington, MA: Morgan Kaufman，2008：147-294.

② ZAMAN B，ABEELE V V. Laddering with young children in user experience evaluations：theoretical groundings and a practical case[C] //Proceedings of the 9th international conference on interaction design and children. ACM，2010：156-165；REYNOLDS T J，OLSON J C. Understanding consumer decision making：the means-end approach to marketing and advertising strategy[M]. New Jersey：Lawrence Erlbaum Associates，2001；REYNOLDS T J，GUTMAN J. Laddering theory，method，analysis，and interpretation[J]. Journal of advertising research，1988，28（1）：11-31.

③ GRIMES J，MANJARREZ C A，MILLER K A，et al. Public libraries in the United States survey：fiscal year 2010[M]. Washington, D. C.：Institute of Museum & Library Services，2013：3.

（场次）、年万人开展读者活动场次3个评价指标，占服务效能总分的1/6，可见活动在我国图书馆儿童服务中所占的比重[①]。国际图联在《儿童图书馆服务指南背景文本》中指出，"儿童图书馆通过为儿童设计不同于成人的活动促进儿童权利"[②]。该文本的三条"儿童服务的目标"中，两条均提及活动和项目在实现图书馆为儿童服务的目标中的作用，包括"为儿童提供充足的资源和媒体，并提供文化和娱乐项目，帮助发展阅读和读写素养，儿童图书馆据此直接保证儿童的权利并为他们的理想发展创造条件"和"儿童图书馆提供除学校或家庭以外的机会和环境，为儿童和家长或监护人提供多种多样的活动，以供学习公民的权力和责任、获得促进和保护权利与自由所必需的技能以及生活在这些权利和责任中的能力"。此外，文本指出，儿童图书馆应该是儿童能够自由活动和交流的场所，他们能够在其中发展潜在的创造力，学习、应用和拓展他们的权利和责任。我国学者范并思也提出，图书馆未成年人服务的重要特点之一是"服务活动化"[③]。成年人的借阅、参考服务大多是一种被动的、静态的服务，其服务形态相对稳定，常年不变。但未成年人服务则需要更多地去策划组织，不断推出新的活动吸引未成年人，以保持他们对于图书馆服务和阅读的关注。可见，图书馆通过实施活动，不仅可以发展儿童早期读写素养，还可以帮助完成公民意识培养，是图书馆儿童服务中不可缺失的部分。

　　无论是日常服务还是活动，均很少有研究者关注学龄前儿童的喜好及其理由，而了解儿童的看法与态度是确定服务改进方向的关键。由于和日常服务并行开展，因此，本章将图书馆服务细分为日常服务与活动两部分，分别对学龄前儿童的喜爱内容与理由进行调研。

[①]　文化部公共文化司. 文化部办公厅关于开展第六次全国县级以上公共图书馆评估定级工作的通知[EB/OL]. [2020-12-10].http://zwgk.mcprc.gov.cn/aut0255/201701/t20170117_477673.html.

[②]　IFLA. The background text to the guidelines for children's libraries services[EB/OL]. [2018-04-10]. https://www.ifla.org/files/assets/libraries-for-children-and-ya/publications/guidelines-for-childrens-libraries-services_background-en.pdf.

[③]　范并思. 图书馆服务中儿童权利原则研究[J]. 中国图书馆学报,2012,38（6）:38-46.

4.2　研究设计

4.2.1　研究目标

本书意图解决以下3点具体的研究问题：

（1）阶梯法是否可以用于学龄前儿童的图书馆服务偏好调查？

（2）学龄前儿童偏好哪些图书馆服务？从这些偏好中揭示了哪些学龄前儿童的动机？

（3）学龄前儿童偏好哪些图书馆活动？从这些偏好中揭示了哪些学龄前儿童的动机？

4.2.2　研究群体与抽样

本书的研究群体是3—6岁学龄前儿童。抽样方式为质性研究中常用的偶遇抽样。具体的操作为：对图书馆日常服务部分，笔者在图书馆对随机偶遇的学龄前儿童进行访谈；对图书馆活动部分，由笔者事先联系图书馆，安排活动公告与适龄儿童报名，现场举办活动后对儿童进行访谈。由于笔者精力、活动场次等限制，会优先邀请表现出具有一定表达意愿与表达能力的儿童参与访谈。

最终，共51名儿童参与研究，信息见表4-1。

表4-1　受访学龄前儿童信息

编号	性别	年龄	图书馆	项目
TJ11	男	3.5	天津港保税区文化中心图书馆	日常
TJ12	男	5	天津港保税区文化中心图书馆	日常
TJ13	女	3	天津港保税区文化中心图书馆	日常
TJ14	女	3	天津港保税区文化中心图书馆	日常
TJ15	女	4	天津港保税区文化中心图书馆	日常
TJ16	女	6	天津港保税区文化中心图书馆	活动/日常
TJ17	女	5	天津港保税区文化中心图书馆	活动/日常

续表

编号	性别	年龄	图书馆	项目
TJ18	男	3.5	天津港保税区文化中心图书馆	活动
TJ19	女	4	天津港保税区文化中心图书馆	活动
TJ20	女	3	天津港保税区文化中心图书馆	日常
TJ21	女	4	天津港保税区文化中心图书馆	活动
TJ22	女	4	天津港保税区文化中心图书馆	活动
TJ23	女	3	天津港保税区文化中心图书馆	活动
TJ24	男	5	天津港保税区文化中心图书馆	活动/日常
TJ25	男	4	天津港保税区文化中心图书馆	活动/日常
TJ26	女	4	天津港保税区文化中心图书馆	活动/日常
TJ27	男	3	天津港保税区文化中心图书馆	活动
TJ28	男	4	天津港保税区文化中心图书馆	活动
TJ29	男	5	天津港保税区文化中心图书馆	活动
TJ30	女	3	天津港保税区文化中心图书馆	活动
TJ31	女	4	天津港保税区文化中心图书馆	活动/日常
TJ32	女	4	天津港保税区文化中心图书馆	日常
TJ33	女	4	天津港保税区文化中心图书馆	日常
TJ34	女	5	天津市少年儿童图书馆梦娃绘本馆区	日常
TJ35	女	4	天津市少年儿童图书馆梦娃绘本馆区	日常
TJ36	男	3	天津市少年儿童图书馆梦娃绘本馆区	日常
TJ37	男	4	天津市红桥区少年儿童图书馆	活动/日常
TJ38	男	4	天津市红桥区少年儿童图书馆	活动/日常
TJ39	男	4.5	天津市红桥区少年儿童图书馆	活动/日常
TJ40	女	4	天津市红桥区少年儿童图书馆	活动/日常
TJ41	女	6	天津市红桥区少年儿童图书馆	活动/日常
TJ42	女	4	天津市红桥区少年儿童图书馆	活动
TJ43	男	4	天津市红桥区少年儿童图书馆	活动
TJ44	女	5	天津市红桥区少年儿童图书馆	活动
TJ45	女	4	天津市红桥区少年儿童图书馆	活动
TJ46	女	4	天津市红桥区少年儿童图书馆	活动
TJ47	男	4	天津市红桥区少年儿童图书馆	活动
TJ48	女	6	天津市少年儿童图书馆梦娃绘本馆区	日常

续表

编号	性别	年龄	图书馆	项目
TJ49	男	3	天津市少年儿童图书馆梦娃绘本馆区	日常
TJ50	男	5.5	天津市少年儿童图书馆梦娃绘本馆区	日常
TJ51	女	6	天津市少年儿童图书馆梦娃绘本馆区	日常
TJ52	女	5	天津市少年儿童图书馆梦娃绘本馆区	日常
TJ53	女	5	天津市少年儿童图书馆梦娃绘本馆区	日常
TJ54	女	5	天津市少年儿童图书馆梦娃绘本馆区	活动/日常
TJ55	女	6	天津市少年儿童图书馆梦娃绘本馆区	活动/日常
TJ56	男	3	天津市少年儿童图书馆梦娃绘本馆区	活动/日常
TJ57	女	6	天津市少年儿童图书馆梦娃绘本馆区	活动/日常
TJ58	女	5.5	天津市少年儿童图书馆梦娃绘本馆区	活动/日常
TJ59	女	3	天津市少年儿童图书馆梦娃绘本馆区	日常
TJ60	男	4	天津市少年儿童图书馆梦娃绘本馆区	日常
TJ61	女	3	天津市少年儿童图书馆梦娃绘本馆区	日常

注：按调研时间排序。
资料来源：作者整理。

其中36名学龄前儿童参与"图书馆日常服务"阶梯法访谈调查，其中包括24名女孩、12名男孩，平均年龄4.39（SD=1.05）；31名学龄前儿童参加"图书馆活动"调查，其中包括19名女孩、12名男孩，平均年龄4.34岁（SD=0.90）。51名受访学龄前儿童人口学特征见表4-2。

表4-2　受访学龄前儿童人口学特征　　　　（单位：人）

性别		年龄			
男	女	3岁	4岁	5岁	6岁
18	33	13	21	11	6
所在馆			项目		
天津港保税区文化中心图书馆	天津红桥区少年儿童图书馆	天津市少年儿童图书馆梦娃绘本馆区	日常服务		活动
23	11	17	36		31

资料来源：作者整理。

4.2.3 活动设计

由于图书馆举办的活动内容不固定，难以获得学龄前儿童对同一活动的看法，笔者决定自行举办活动，吸引学龄前儿童参加。活动定位于阅读推广活动。考虑到中国家长对英语启蒙的重视，故而选择经典的英语启蒙主题《小小蜘蛛》（*The Itsy Bitsy Spider*）组织活动的内容，以期吸引更多的家长带学龄前儿童参与。《小小蜘蛛》是西方经典的歌谣，讲述的是一只小蜘蛛沿着水管上爬，被雨水冲摔下来，再向上爬的冒险故事。歌曲内容只有四句，简单易懂但情节丰富，适合中外学龄前儿童理解和学唱。歌谣有衍生的手指操、绘本、运动游戏等形式，是西方公共图书馆低幼龄儿童活动中经常选择的主题。在我国，该主题的绘本被收入知名的英语启蒙推荐书单，被认为能够帮助学龄前儿童的英语学习。

为全面考察各种活动形式下学龄前儿童的体验与感受，笔者选择用绘本、唱歌、手指操三种国内图书馆常用的学龄前儿童活动形式组织活动。活动参与群体为3—6岁学龄前儿童。每场活动由家长陪同儿童参与，为保证活动质量和互动效果，活动宣传说明中的参与人数建议为10组家庭。每个项目约需要15分钟完成，共计时长为45分钟左右。

为避免顺序效应，将3个活动进行拉丁方设计（latin square design）处理（见表4-3），以使得每3场活动中三个活动的呈现顺序不同。读绘本、唱歌、手指操为3个独立的活动，保证顺序的调整不会影响活动内容：①读绘本采用朗读（read aloud）的方式，以中英双语为儿童阅读绘本故事。讲故事选用的绘本是大开本纸板书版本（22×19cm），保证全部儿童能够清晰地看到绘本内容。绘本共计12页，能够在10分钟以内读完，符合学龄前儿童保持注意力的时间。此外，该绘本设置有推拉机关，具有趣味性，能够吸引儿童的注意。绘本环节的预期目标是令儿童熟悉故事情节，能够记住故事涉及的英文词汇。②唱歌采用英文歌词，由主讲人中英对照教儿童歌词内容，随后引入音乐一起学唱，通过多次重复，预期使儿童能大胆跟唱。③《小小蜘蛛》的手指操有经典模式，活动时由主讲人先进行手指动作示范2遍，然后分解教学。随后，引入故事情节，让幼儿了解语言和动作的匹配关系。预期目标包括令儿童初步学会手指操动作，能配合节奏完成动作。④所有环节结束后，让幼儿和家长共同练习，熟悉故事情节、歌曲韵律和手指操动作，可以请个别已学会手指操的幼儿上前表演，巩固所学内容，提供展示的舞台，提升其自信心。

表4-3　活动顺序的3×3拉丁方设计

	活动1	活动2	活动3
第1次	读绘本	唱歌	手指操
第2次	唱歌	手指操	读绘本
第3次	手指操	读绘本	唱歌

资料来源：作者整理。

活动实施流程如下：①主讲人介绍自己和活动内容；②请儿童介绍自己，活跃氛围；③依拉丁方设计的顺序呈现读绘本、唱歌、手指操的子活动项目；④在3个子活动结束后，由主讲人带领儿童以音乐配合手指操的形式完整唱一遍"小小蜘蛛"，结束活动。

4.2.4　数据收集方法

本书采用阶梯法访谈技术，参考相关研究①的访谈设计、儿童喜爱度

---

①　ZAMAN B，ABEELE V V. Laddering with young children in user experience evaluations：theoretical groundings and a practical case[C] //Proceedings of the 9th international conference on interaction design and children. ACM,2010:156-165;ABEELE V V，ZAMAN B，GROOFF D D. User experience laddering with preschoolers:unveiling attributes and benefits of cuddly toy interfaces[J]. Personal and ubiquitous computing,2012, 16（4）:451-465;CELIS V，HUSSON J，ABEELE V V, et al. Translating preschoolers' game experiences into design guidelines via a laddering study[C] //Proceedings of the 12th international conference on interaction design and children. New York, USA:ACM,2013: 147-156;ZAMAN B. Laddering method with preschoolers. Understanding preschoolers' user experience with digital media[D]. Belgium:Katholieke Universiteit Leuven,2011;ABEELE V V，ZAMAN B，ABEELE M. The unlikeability of a cuddly toy interface:an experimental study of preschoolers' likeability and usability of a 3D game played with a cuddly toy versus a keyboard[C] //International conference on fun and games. 2008:118-131.

研究测量方式[①]，结合以往对学龄前儿童的调研，分别设计了对图书馆日常服务与活动偏好的访谈提纲。访谈从正面、负面设计问题，既了解学龄前儿童对图书馆服务与活动的喜爱，也对他们不喜欢的内容进行调查。Reynolds建议负面的问题可以作为在受访者不知道如何回答正面问题时的辅助，有助于他们从另一角度审视自己的偏好[②]。Zaman认为设置负面的问题有助于更全面地了解受访者的价值观[③]。考虑到一些受访者年龄较小，认知能力尚处于发展初期，本书设置负面问题也作为对之前喜爱内容的回答的验证，如果受访者同时将一个服务或活动列为其喜爱与不喜爱的回答，则该回答失效。阶梯法访谈主要以追问的形式了解被试对产品的选择及其动机。因此，访谈问题着重在于获得儿童喜爱的服务与活动内容后的追问部分。追问以"为什么？""为什么你觉得这样很好/不好？""为什么这对你很重要？"等形式提出，紧密结合服务与活动内容"搭建阶梯"。同时，为了减轻认知负担，问题设计简单易懂。具体的访谈问题如下：

（1）图书馆日常服务访谈提纲：

①在图书馆中你最喜欢的东西/地方/人是什么？为什么？

②在图书馆中你不喜欢的东西/地方/人是什么？为什么？

（2）图书馆活动访谈提纲：

①你觉得今天的活动好玩吗？

②刚才的活动中有没有令你难忘的事情？

③你觉得读绘本/唱歌/手指操好玩吗？为什么？

④这些活动中你最喜欢哪一个？为什么？

⑤这些活动中你最不喜欢哪一个？为什么？

---

① READ J，MACFARLANE S，CASEY C. Endurability，engagement and expectations：measuring children's fun［G］//Proceedings of the international workshop on "interaction design and children". Eindhoven，The Netherlands：Shaker Publishing，2002：1-23.

② REYNOLDS T J，GUTMAN J. Laddering theory，method，analysis，and interpretation[J]. Journal of advertising research，1988，28（1）：11-31.

③ ZAMAN B. Introducing contextual laddering to evaluate the likeability of games with children[J]. Cognition，technology & work，2008，10（2）：107-117.

4.2.5 研究过程

调研于2018年4—7月在天津市的3个公共图书馆中实施，包括天津港保税区文化中心图书馆、天津市红桥区少年儿童图书馆、天津市少年儿童图书馆梦娃绘本馆。3个图书馆涵盖公共图书馆、少年儿童图书馆这两种提供儿童图书馆服务的主要图书馆类型，均为学龄前儿童提供图书馆服务，设置有开展读者活动的区域。笔者在了解各图书馆学龄前儿童区域的基本布局、藏书情况与读者高峰时间基础上，考虑到周末的学龄前儿童读者较多，因此，活动与调研均选于周末举行。

图书馆日常服务部分，笔者与助于一同前往图书馆学龄前儿童活动区域寻找受访者。首先确认受访者年龄与受访意愿，征得同意后向家长获取知情同意，并开始录音。访谈的地点选在相对安静但能够看到其他儿童活动的空间，这样可以使儿童专注于访谈问题且避免产生紧张感。考虑到儿童的专注时间，访谈时长不超过15分钟。访谈结束后，赠送小礼物表示感谢。

图书馆活动部分，笔者首先联系图书馆负责人员组织报名（见图4-1），报名人数限制为10组家庭，活动时长为1小时。最终，共组织6场活动，其中天津港保税区文化中心图书馆3场、天津市红桥区少年儿童图书馆2场、天津市少年儿童图书馆梦娃绘本馆区1场，参与家庭共计60组。活动当天，笔者与助手共同前往图书馆举办活动，助手协助组织活动，以和儿童们熟悉。活动开始之前，先为每位儿童贴上名牌。活动结束后，笔者分别实施与儿童的一对一访谈。在访谈开始前，向家长获取知情同意，并开始录音。在询问关于活动的偏好问题后，根据儿童的状态对部分儿童继续提出图书馆日常服务的偏好问题。考虑到儿童的专注时间，访谈总时长不超过15分钟。访谈结束后，对儿童赠送小礼物表示感谢。由于每次活动后希望参与访谈的儿童较多，笔者在访谈时安排其他儿童前往阅览室或玩具区，在访谈过后根据名牌找到其他待访谈儿童。

图 4-1　活动报名 / 宣传页面

资料来源：作者整理。

4.2.6　资料分析

在对所有的访谈音频进行转录后，笔者对数据进行了3个阶段的分析，并录入Excel进行管理与统计：

①质性编码形成初始元素。首先遵循质性研究中的编码原则，对受访者的话语进行初始登录、开放式编码，如将"我喜欢听小汽车的故事"编码为"喜爱主题：小汽车"、"我还喜欢爱莎公主的书"编码为"喜爱主题：爱莎公主"，"问：为什么喜欢《兔子喜欢做的事》这本书？答：因为我喜欢兔子"编码为"喜爱主题：兔子"。随后，在初始形成的编码中通过比较、归纳形成类属关系，以上述编码为例，3个编码同为因主题而喜欢图书馆的书，因此归类为"图书主题"类目。

②识别属性（A）、结果（C）、价值观（V）元素，并建立结构关联矩阵（Structural Implication Matrix，简称SIM），计算元素之间直接和间接的关联。在这一步，阶梯法由质性分析转为定量统计分析。在这一阶段，首先根据受访者的回答将编码的元素识别为属性、结果、价值观元素（如

表4-4)。之后，根据受访者回答的逻辑关系搭建阶梯，并制作包含所有
受访者阶梯的结构关联矩阵。矩阵反映了元素之间的直接与间接关联，以
小数点为界，整数位代表直接关联，小数位代表间接关联。建立结构关联
矩阵后需要设置截断值（cut-off level）来对元素和阶梯进行简化，使最终
得到的结构具有一定的概括性和普遍性。阶梯法的截断值选择主要依据结
构之间的不断比较优化，合适的截断值可以使得最终的结构既保留主要的
信息又不至于太过冗杂。Reynolds 和 Gutman 提出对于包含50—60个受访
者的样本量来说，截断值设置在3—5之间比较合适，最终会留下2/3的关
联[1]。Zaman 和 Abeele 的一项样本量为46的研究将截断值设置为3，验证了
Reynolds 和 Gutman 的建议[2]。在其他阶梯法研究中，也有研究者根据样本
量采纳更加灵活的截断值，如 Aidea 等询问不同数量的受访者对多类食物
的看法，对于较少的样本量采纳较低的截断值，对于较大的样本量设置较
高的截断值（n=21截断值为2；n=30截断值为3）[3]；CELIS 等人的研究样本
量较少，但受访者给出了较为丰富的产品选择，而属性、结果、价值观元
素较少，因此，他们为不同层次的元素设置不同的截断值（产品选择为7，
属性为4，结果为2，价值观为4）[4]。根据这些研究者的经验，结合本书研
究的样本量与受访者提供的信息量，在比对多种结果后，将截断值设置为

---

① REYNOLDS T J，GUTMAN J. Laddering theory，method，analysis，and
interpretation[J]. Journal of advertising research，1988，28（1）：11-31.

② ZAMAN B，ABEELE V V. Laddering with young children in user experience
evaluations：theoretical groundings and a practical case[C] //Proceedings of the 9th
international conference on interaction design and children. ACM，2010：156-165；ABEELE
V V，ZAMAN B，Grooff D D. User experience laddering with preschoolers：unveiling
attributes and benefits of cuddly toy interfaces[J]. Personal and ubiquitous computing，2012，
16（4）：451-465；REYNOLDS T J，GUTMAN J. Laddering theory，method，analysis，
and interpretation[J]. Journal of advertising research，1988，28（1）：11-31.

③ AIDEA C，SCHOOLMEESTER D，DEKKER M，et al. To cook or not to cook：
a means-end study of motives for choice of meal solutions[J]. Food quality & preference，
2007，18（1）：77-88.

④ CELIS V，HUSSON J，ABEELE V V，et al. Translating preschoolers' game
experiences into design guidelines via a laddering study[C] //Proceedings of the 12th
international conference on interaction design and children. New York，USA：ACM，2013：
147-156.

2。高于截断值的关联数及其相关元素予以保留，低于截断值的关联则表示并非较强关联，不再进入之后的分析程序。经过验证，这一截断值能够保留2/3左右的关联（日常服务 SIM 在 153 项关联中保留了 103 项；活动 SIM 在 73 项关联中保留了 55 项）。在这一过程中，Reynold 建议可以进行合理的元素合并，以使得关联数增加，保留更多的关联及其相关元素。举例而言，共有 12 名儿童表示喜欢图书馆的图书是由于汽车、动物、水果、公主等主题。如果分而计算关联数，大部分的元素都会因为仅有一名儿童提到导致总关联数为 1，低于截断值 2 而被删除，但将其根据共同的内涵"喜欢图书的主题"而进行合并，则可以得到 12 个直接关联，高于截断值 2 而得以保留。

表 4-4　属性、结果、价值观元素识别举例（TJ58 编码记录）

研究者：在图书馆里，你最喜欢的东西是什么？
儿童：这些书。【编码：书】
研究者：有没有你很喜欢的书？
儿童：喜欢这个。（《兔子喜欢做的事》）
研究者：为什么喜欢这本书？
儿童：因为我喜欢兔子。因为我家里有个老兔子，我每天睡觉都去拿，每天睡觉都抱着它。【编码：喜爱主题：兔子，A】
研究者：哦，你每天都要抱着它。
儿童：对，我去印尼，还有新疆都抱着它。
研究者：那你喜欢兔子的什么呢？
儿童：兔子很可爱，兔毛茸茸的很暖和。【编码：兔子可爱】
研究者：那兔子主题的书呢？也会让你有这样的感觉吗？
儿童：对。我感觉它挺可爱的，耳朵好看。【编码：认为兔子可爱，C】
研究者：所以你喜欢兔子的书。
儿童：对。

注：本例不涉及价值观元素。
资料来源：作者整理。

对于关联强度，本书根据标准差进行衡量，一个标准差之内的关联属于普通强度，高于一个标准差的关联属于较强关联强度，高于两个标准差的关联属于高强关联强度。在 SIM 中以表格背景色深浅区分（见图 4-2），在等级价值图中以线条粗细表示。经计算，"图书馆日常服务"中关联数的均值为3.68、标准差为2.55，"图书馆活动"中关联数的均值为3.06、标准差为1.66。

		8	9	10	11	12	13	14	15	16
1	书	2.02	2.00	5.01	4.01	2.00	3.00	5.00	12.00	4.00
2	游乐区									
3	同龄人									
4	海外绘本馆			0.01		0.01				1.00
5	软垫子									
6	椅子									
7	iPad					1.00				
8	认字									
9	故事									
10	学习知识									
11	亲子阅读									
12	新奇									
13	借书回家	1.00			1.00					
14	书多	1.00								
15	主题									
16	互动书					1.00				

图4-2 "图书馆日常服务"的结构关联矩阵示例

注：单元格内的数值为关联数，小数点前整数位为直接关联，小数点后小数位为间接关联；浅灰、深灰色单元格表示高于截断值2的关联数值，颜色越深，表示关联数越多、关联强度越大。

资料来源：作者整理。

③构建等级价值图（HVM）。在上一阶段中被保留下的关联与元素用于构建HVM。HVM能够将元素之间的关联直观地展示出来，并揭示学龄前儿童喜爱某一图书馆项目的属性及其所带给他们的丰富意义。

在此基础上，为验证学龄前儿童年龄与阶梯法建构能力的关系，使用R软件（3.5.1版）进行Mann-Whitney-Wilcoxon检验。

4.3 研究结果

4.3.1 阶梯法可用于学龄前儿童的图书馆服务偏好

本书的研究中，36名学龄前儿童参与"图书馆日常服务"阶梯法访谈调查，共产生70个阶梯结构，人均构建1.9个阶梯，阶梯结构从2—5层不等，人均构建2.9层阶梯；31名学龄前儿童参加"图书馆活动"调查，共产生52个阶梯结构，人均构建1.6个阶梯，阶梯结构从2—5层不等，人均构建2.3层阶梯。每一名学龄前儿童均能够指出他们喜欢的图书馆服务或活动内容并给出选择理由。这与Abeele等人的研究结论一致，即学龄前儿童可以参与阶梯法研究，并成功构建阶梯[①]。此外，在本书最终构建的HVM没有达到价值观层面，也与Abeele等人的研究结果一致。

Zaman与Abeele的研究发现，年长的学龄前儿童（5岁以上）能够比低龄学龄前儿童创造更多层级、更丰富内涵的阶梯[②]，这一结论仅部分得到本书的证实。笔者将受访的学龄前儿童分为低龄组（3—4岁）与高龄组（5—6岁），对两组儿童构建的阶梯层级数量进行统计。由于样本量较小，且无须假设总体呈正态分布，故而本书使用非参数检验中的Mann-Whitney-Wilcoxon检验方法进行统计分析。结果发现，图书馆日常服务部分，两组儿童构建的阶梯层级不存在显著差异（W=609.5，p=0.9899）；图书馆活动部分，两组儿童构建的阶梯层级不存在显著差异（W=262.5，p=0.2609）。但结合访谈内容来看，一部分年长的学龄前儿童的确能够更多地谈论关于自己的动机而非服务或活动本身，如其中一名6岁女童在关于喜欢的活动项目回答中表达出了她的价值观是希望和别人不一样（见表4-5）。这表明部分年长的学龄前儿童能够构建出丰富内涵的阶梯。但由于这部分学龄前儿童数量不多，没有达到统计学意义上的显著性水平。

① ABEELE V V，ZAMAN B，GROOFF D D. User experience laddering with preschoolers：unveiling attributes and benefits of cuddly toy interfaces[J]. Personal and ubiquitous computing，2012，16（4）：451-465.

② ZAMAN B，ABEELE V V. Laddering with young children in user experience evaluations：theoretical groundings and a practical case[C] //Proceedings of the 9th international conference on interaction design and children. ACM，2010：156-165.

表4-5　TJ47（6岁，女）对活动偏好的阶梯法访谈（部分）

研究者：今天的活动里最喜欢什么部分？
儿童：最喜欢唱歌和手指操，还喜欢绘本。
研究者：为什么呀？
儿童：因为那些东西太好玩了。
研究者：哪里好玩呢？
儿童：那个绘本很奇怪，那个小蜘蛛掉出来的，不是伸出来，而是有掉出来的模样。（A）
研究者：你觉得绘本很好玩。
儿童：就像魔法书一样。（A）
研究者：为什么像魔法书？
儿童：就像神奇的东西一样。就像魔法书一样。那个抽出来的那个过程，本来在里边是一个样的，抽出外面之后就变另外一个样了。（A）
研究者：为什么你觉得这样很好玩？
儿童：就像有魔法一样，我感觉我就像仙女一样。（C）
研究者：为什么你想像仙女一样？
儿童：我希望自己有魔法。
研究者：为什么你希望自己有魔法？
儿童：因为世界上没有魔法。
研究者：为什么世界上没有魔法而你希望自己有魔法？
儿童：因为我想和别人不同。（V）
研究者：和别人不一样，你有什么感觉？
儿童：特别特别好。

资料来源：作者整理。

基于以上分析，可以得到"阶梯法能够用于学龄前儿童的图书馆服务偏好调查"的结论。

4.3.2　学龄前儿童对图书馆日常服务的偏好

共36名学龄前儿童参与对图书馆日常服务偏好的调查，其中包括24名女孩、12名男孩，平均年龄为4.39（SD=1.05）。36名儿童共构建70个阶梯结构，人均构建1.9个阶梯，阶梯结构包括2—5层不等，人均构建2.9

层阶梯。

基于受访者的回答，并经过阶梯法分析，可以归纳出5点受访儿童喜欢的图书馆的服务内容、9个属性元素、11个结果元素（见表4-6），其中，没有儿童的回答达到价值观层次。

表4-6　学龄前儿童对图书馆日常服务偏好的属性与结果元素

偏好内容	书、同龄人、游乐区域、软包区域、椅子	
属性	具体属性	故事、书多、互动书、主题、有图画、很多小朋友、淘气堡、滑梯
	抽象属性	可借回家
结果	功能性结果	互动、学习知识、亲子阅读、增加家里的书、认字、认识很多字、舒服
	心理社会性结果	亲子互动、新奇、喜欢的事物、和朋友玩

资料来源：作者整理。

根据"喜欢的图书馆日常服务"的SIM（见附录1），本书构建了受访的学龄前儿童对图书馆日常服务偏好的HVM（见图4-3）。其中，线条表示元素之间的结构关联，线条越粗，表示关联越强，即提到这一关联的儿童越多。

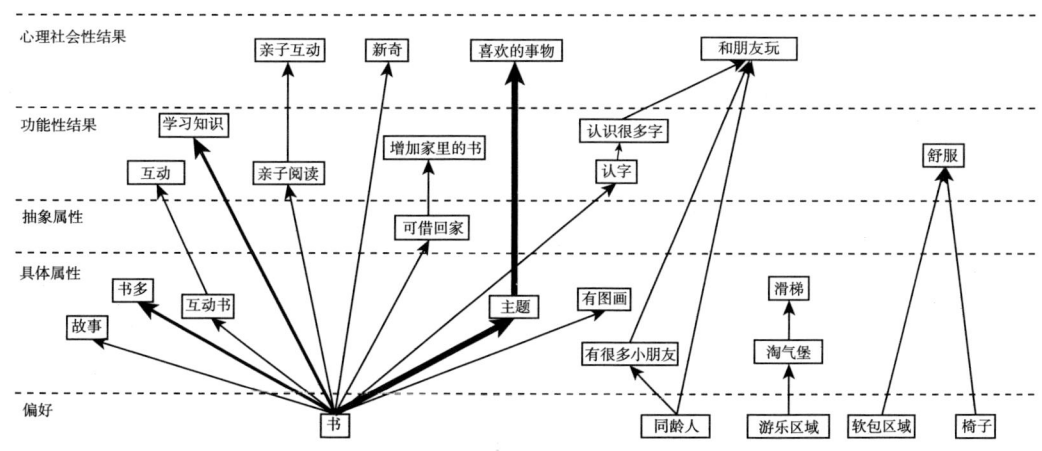

图4-3　学龄前儿童对图书馆日常服务偏好的等级价值图

资料来源：作者整理。

在所有的图书馆中，书是儿童共同喜欢的内容。书的诸多属性与直接为儿童带来的结果感受吸引着26名学龄前儿童，成为他们喜爱书的理由。在阶梯法的分类体系之外，本书将其归纳为两类：内部因素与外部因素。①内部因素是书自身对受访者的吸引，包括：书中的故事、各种主题、书中的图画、互动书的形式（立体书、带放大镜的探索书等）。这些均属于具体属性范畴，是直观的吸引。在此基础上，互动书能够与儿童互动，各种主题中包含儿童喜爱的事物（如汽车、兔子、恐龙、公主等），这是儿童喜欢这些属性的深层原因，前者属于功能性结果，后者属于心理社会性结果。②外部因素是指书因为能够为受访者带来的某些功能与体验而形成的吸引，包括：图书馆拥有大量的藏书、书可以被借回家、书可以用于亲子阅读、书中包含知识、书可以帮助认字、书很新奇。其中，除了书多是直观可感受到的具体属性，可借回家属于抽象属性外，其他均属于结果范畴，即书为受访者带来了可以习得知识、可以与家长共同阅读、帮助识字、新奇等感受。亲子阅读能够让儿童感受到亲子互动的乐趣，将书借回家可以增加家中的书，学习认字可以认识很多字从而吸引来朋友一起玩，这些是儿童喜欢书的深层次动机。其中增加家中的书、认识很多字分别是书可借回家与书可以帮助认字的功能性结果，亲子互动与和朋友玩属于心理社会性结果。

对同龄人的喜爱也是3个图书馆中6名受访者共同的偏好。这包含两点内容：其一是图书馆中有很多同龄小朋友，其二是图书馆中有受访者的同学/朋友在一起玩。图书馆中有很多同龄人，成为3名受访者喜欢图书馆的原因，通过追问，2位受访者提出他们可以和其他同龄人成为朋友一起玩，构成了"有很多小朋友（A）—成为朋友一起玩（C）"的阶梯。还有3名受访者表示在图书馆里遇到过他们认识的朋友，在图书馆一起玩的经历成了他们喜欢图书馆的理由。由于内涵一致，我们将两组儿童提到的"和朋友一起玩"合并成为心理社会性结果，构建阶梯，揭示了同龄人对学龄前儿童喜欢图书馆的作用机制。

一些受访者喜欢的图书馆服务属于某一图书馆的特色，如天津市红桥区少年儿童图书馆的游乐区域与天津市少年儿童图书馆梦娃绘本馆区的软包布置。天津市红桥区少年儿童图书馆设置有游乐区，其中有滑梯、跷跷板、海洋球等游乐设施。共有2名儿童因为类似于淘气堡的设计而喜欢游乐区，其中最为吸引他们的是滑梯。天津市少年儿童图书馆梦娃绘本馆区中设置了围绕书架的软包区域，包括软垫、沙发等，附近有字母形状的椅子。软包区域受到5名儿童的喜爱，字母形状的椅子受到2名儿童的喜爱，均因为令他们感觉舒服。

在所有受访者喜欢的图书馆服务内容之中，书的主题对他们的吸引力最大。根据计算，"书—主题—涉及喜欢的事物"中的两段联系分别为12、9次，均超过均值2个标准差，属于高强度的关联，表明因为主题和涉及喜欢的事物的理由而喜欢图书馆的书的人数较多，具有较高的普遍性。12名儿童列举了汽车、动物、水果、埃及、公主、搞笑、行为习惯等主题作为他们喜欢书的理由。其中，9名儿童在进一步追问后提及喜欢这些主题是因为他们喜欢对应的事物，这些主题的书让他们联想到了相关的事物。

除了表达对图书馆服务的喜爱外，还有4名儿童表示图书馆太吵了是他们不喜欢图书馆的地方（SIM见附录2，HVM见图4-4）。太过嘈杂的环境使得这些受访者受到影响，无法专注地看书，因此使他们产生了对图书馆的抱怨。

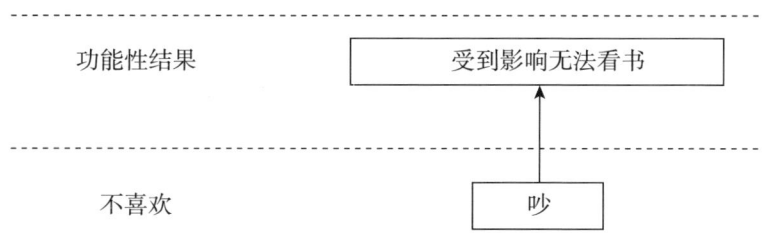

图4-4 学龄前儿童不喜欢图书馆日常服务的等级价值图
资料来源：作者整理。

4.3.3 学龄前儿童对图书馆活动的偏好

笔者共举办了6场活动，吸引了31名学龄前儿童参加对图书馆活动偏好的调查，其中包括19名女孩、12名男孩，平均年龄4.34岁（SD=0.90）。31名儿童共产生52个"阶梯"结构，人均构建1.6个阶梯，阶梯结构从2—5层不等，人均构建2.3层阶梯。

基于受访者的回答，并经过阶梯法分析，可以归纳出3点受访儿童喜欢的图书馆的活动内容、6个属性元素、8个结果元素（见表4-7）。在本部分研究中，没有儿童的回答达到价值观层次。

表4-7　学龄前儿童对图书馆活动偏好的属性与结果元素

偏好内容		唱歌、讲故事、手指操
属性	具体属性	听众、歌曲、老师、绘本机关、动手指
	抽象属性	角色/情节
结果	功能性结果	听完整故事
	心理社会性结果	喜欢唱歌、悦耳/喜欢听、美好结局、喜欢看书、新奇、喜欢学习、易学

资料来源：作者整理。

根据"图书馆活动"的SIM（见附录3），本书构建了受访的学龄前儿童对图书馆活动偏好的HVM（见图4-5）。其中，线条表示元素之间的结构关联，线条越粗，表示关联越强，即提到这一关联的儿童越多。

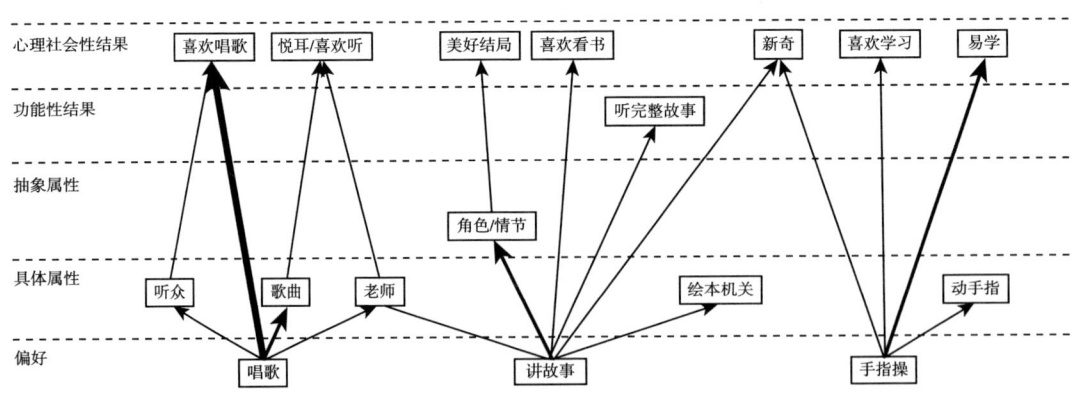

图4-5　学龄前儿童对图书馆活动偏好的等级价值图

资料来源：作者整理。

共有15名儿童喜欢唱歌活动。歌曲、老师、听众是唱歌活动吸引受访者的具体属性。一些受访者喜欢唱歌活动是因为他们喜欢唱歌,还有2名受访者喜欢有人听自己唱歌且图书馆的活动中有家长、其他同龄人作为听众,使得他们很喜欢唱歌活动。根据图4-6,歌曲与老师两个具体属性直指悦耳/喜欢听这一心理社会性结果,即受访者感到歌曲好听与老师唱得好听,令他们觉得悦耳,从而喜欢图书馆的唱歌活动。

共有18名儿童喜欢讲故事活动。该活动吸引他们的具体属性包括老师、使用的绘本具有推拉机关,抽象属性包括角色和情节(角色与情节是否吸引人无法直接获得,因此被归为抽象属性)。老师能够把故事演绎得生动而令受访者们喜欢听,故事最终有了完整美好的结局令受访者们感到满意,建立起了属性—结果阶梯联系。功能性结果包括能够听完整个故事(2名受访者表示在家里家长忙、故事机没电,而在图书馆中能够听到完整的故事),心理社会性结果包括喜欢看书与新奇感。这些偏好的理由同样可以分为内部因素与外部因素,其中故事中的角色与情节、绘本机关、老师属于内部因素;喜欢看书,能够在图书馆活动中听完整个故事和新奇感属于外部因素。

共有11名儿童喜欢手指操活动。直观可感的原因是手指操能够活动手指,这是手指操活动吸引受访者的具体属性。其他3个偏好手指操活动的理由包括新奇、喜欢学习、容易学会,均属于心理社会性结果。因为手指操的形式新颖、受访者喜欢学习新游戏、手指操的动作简单易学,使得他们感觉很好,所以喜欢手指操活动。

每个活动均揭示了具有普遍性的吸引学龄前儿童的元素特征。讲故事活动中,故事的角色与情节受到受访者的欢迎;唱歌活动中,歌曲好听十分重要,令受访者们感到悦耳,此外,很多受访者本身喜欢唱歌也使得唱歌活动备受欢迎;手指操活动能够让受访者们学会并且感到容易学会,是手指操受欢迎的因素。

此外,还有3名儿童表示不喜欢手指操活动,因为手指动作复杂难学(SIM见附录4,HVM见图4-6),令他们感觉并不好。统计他们的年龄,均为3—4岁的低龄阶段。

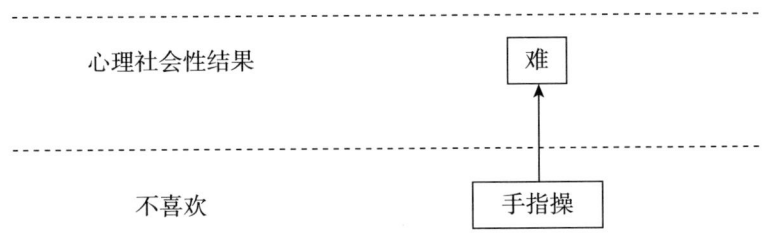

图 4-6　学龄前儿童不喜欢图书馆活动内容的等级价值图

资料来源：作者整理。

4.4　讨论

4.4.1　图书馆日常服务的重点

4.4.1.1　实体书仍应是学龄前儿童的主要使用内容

在36名受访儿童中，有26名指出在图书馆中最喜欢的是书。与前文研究相呼应，书是图书馆最具代表性的服务，因此，实体书在学龄前儿童服务中的重要性不可替代。根据本书的研究结果，笔者建议图书馆在进行针对学龄前儿童部分的馆藏建设时可以考虑以绘本为主，结合多种形式（互动书、异形书等）吸引学龄前儿童。绘本是学龄前儿童最常用的儿童文学形式，能够帮助儿童发展读写能力，且深受欢迎。除普通绘本外，翻翻书、立体书、触摸书等互动书与造型特别的异形书也是受访者喜爱的种类，可以多加引进。同时，本书发现受访者被书中的故事、主题吸引，因此，图书的引进应注重内容质量。图书馆可以在采购图书前充分调查受学龄前儿童欢迎的图书主题（如动物、公主等），以合理安排热门主题的藏书量、副本量。

4.4.1.2　重视图书馆中的区域与物品设计

学龄前儿童对游乐区、软包区域及其内部的家具、物品表现出偏爱，提示我们：学龄前儿童更加关注图书馆中的实体空间与物品；同时，学龄前儿童重视自身的体验，能够在图书馆中选择舒适、满足他们需求的物品（见表4-8）。因此，在图书馆为学龄前儿童提供服务时，需要着重进行区

域功能、视觉等方面的设计；在家具物品选择时，需要充分调查学龄前儿
童的发展阶段特征与喜好，才能让学龄前儿童更加亲近图书馆。

表4-8　对图书馆椅子的选择标准（TJ58）

研究者：在这个图书馆里面有没有你不喜欢的东西？
儿童：不喜欢的东西？最不喜欢坐在那种矮椅子上。
研究者：不喜欢坐在矮的椅子上，为什么？
儿童：坐在矮的椅子上，我就看不了书了。（比画）
研究者：哦，因为坐在矮的椅子上够不到桌子，所以就看不了书了。
儿童：对。
研究者：为什么看不了书你就不喜欢矮椅子？
儿童：看不了书，把书放在腿上怎么看？书会压着腿，感觉腿很麻。
研究者：哦，所以看不了书。
儿童：对，我感觉这样坐就挺舒服的。（比画）
研究者：就是双手可以扶在桌子上，你不喜欢把书放在腿上看。
儿童：对啊，因为这样故事讲一遍，再讲一遍就翻不了页了。
研究者：哦，书就翻不了页了。
儿童：我就得双手扶着，一个手翻也翻不了。
研究者：所以小椅子不好。
儿童：高的椅子就挺好。我一岁的时候会坐小矮椅子，现在不行了。
研究者：小时候可以坐在小椅子上大了就不行了。
儿童：哦，不对，小时候坐矮的椅子也不行。
研究者：为什么？
儿童：小时候坐矮的椅子，桌子太高了，也够不着。
研究者：哦，现在这个椅子和桌子就正好了。
儿童：对。

资料来源：作者整理。

4.4.1.3　创造亲子阅读条件与氛围

学龄前儿童喜爱亲子阅读，愿意听家人讲故事。因此，图书馆需要积
极创造亲子阅读条件，营造亲子阅读氛围。适宜亲子阅读的舒适沙发、有
关亲子关系的绘本等，均可以作为创造亲子阅读条件的切入点。此外，图

书馆的儿童活动往往面向儿童展开，较少地注意到儿童读者与家长的亲子共读需求。图书馆可以从两方面进行改善：①举办适宜亲子共同参加的活动；②利用馆藏、专业优势，为家长开办讲座，讲授亲子阅读的方法与技巧、儿童读物的选择、家庭藏书建设等。

4.4.1.4　提供同龄人互动空间

学龄前儿童正处于开始探索自我与他人的阶段。在此阶段，随着年龄增长，儿童的联合游戏与互动游戏显著增加[①]。本书的研究也证实了学龄前儿童对同龄人的关注。Parten与后续研究提出，学龄前儿童的游戏行为包括非社交活动（无所事事、旁观行为与单独玩游戏）、平行游戏（在同伴旁边玩相似的游戏，但不影响他人的行为）、联合游戏（各自玩，但以交换玩具或评论对方来互动）、合作游戏（指向共同目标的社交游戏）的形式[②]。因此，图书馆可以设置一些适合学龄前儿童与同龄人互动的空间。

4.4.1.5　形成本馆特色

笔者走访的三座图书馆均设计有区别于其他馆的特色服务，如天津港保税区文化中心图书馆的iPad，天津市红桥区少年儿童图书馆的游乐区域，天津市少年儿童图书馆梦娃绘本馆区的大量绘本、软包区域与海外绘本馆。上述内容均被受访者列入过喜欢的内容之中，可见图书馆服务设计中的巧思能够被学龄前读者感受到，并受到欢迎。因此，图书馆应在基本的服务基础上加入一些区别于其他图书馆的服务，这样不仅能够提高读者对本馆的喜爱与满意度，同时也有助于形成本馆的特色、提高识别度。

4.4.2　对图书馆活动的启示

学龄前儿童活动设计需考虑促进大运动能力、精细动作能力、社交能力、情感、智力五方面的发展。在了解学龄前儿童对活动的喜好及其动机

---

① 伯克. 伯克毕生发展心理学：从0岁到青少年[M]. 4版. 陈会昌，等译. 北京：中国人民大学出版社，2014：232；BRAZELTON T B，SPARROW J. Touchpoints-three to six[M]. New York：Perseus Books，2002：276-279.

② 伯克. 伯克毕生发展心理学：从0岁到青少年[M]. 4版. 陈会昌，等译. 北京：中国人民大学出版社，2014：276.

的基础上，本书对图书馆开展学龄前儿童活动提出如下建议。

4.4.2.1 创造新奇感

新奇感是吸引读者参加活动并保持兴趣的主要动力。为营造新鲜感，需要活动组织者充分了解学龄前儿童群体、调查他们感兴趣的内容，同时不断学习与吸取同行经验，以将活动设计得新鲜有趣。

4.4.2.2 控制难度

适当的难度能够激发儿童的挑战心，但过高的难度会引发他们的沮丧感。活动难度的设置需要符合学龄前儿童的能力。在本书的研究中，手指操作为精细运动的一部分，对于低龄儿童的难度较大，更适合高龄的学龄前儿童，因此，会出现低龄学龄前儿童因为太过困难而不喜欢、高龄学龄前儿童认为简单易学而很喜欢的矛盾。对此，图书馆在举办类似活动时，可以根据学龄前儿童的发展阶段细分参与者群体，或调整难度。

4.4.2.3 保证活动组织者/老师的专业性

无论是由图书馆员自行组织活动还是聘请老师，均需要注意活动中组织者的质量。这是因为，本书发现，学龄前儿童关注活动中老师的表现，会因为老师唱歌好听、讲故事好听而喜欢相应的活动。这提示我们，老师的专业性与能力是活动成功与否的重要因素。老师需要具备一定的专业知识、了解学龄前儿童的身心状态，并且能够利用语言与肢体动作将活动主题演绎得更具吸引力。

4.4.3 阶梯法的应用与局限

4.4.3.1 阶梯法在学龄前儿童群体中的应用

本书证明了阶梯法可以应用于学龄前儿童对图书馆服务与活动的喜爱度调查。所有参加研究的学龄前儿童均可以指出他们喜欢的服务或活动内容并根据不断的追问构建阶梯，这与Abeele等人的研究结果一致[1]，即学

---

[1] ABEELE V V, ZAMAN B, GROOFF D D. User experience laddering with preschoolers：unveiling attributes and benefits of cuddly toy interfaces[J]. Personal and ubiquitous computing, 2012, 16（4）：451-465.

龄前儿童可以参与阶梯法的访谈。

对于阶梯结构而言，综合统计本书研究中两个部分的阶梯结构，可以得到人均构建1.75个阶梯，每个阶梯约含3.3个联系（含直接与间接）、4.7个元素，近似于Abeele等人对2—7岁学龄前儿童的研究中人均构建1.72个阶梯、每个阶梯约含5.6个联系、4.8个元素的结果[①]。但是，在Abeele等人的研究中，年龄较大的受访者能够构建出更丰富内涵的阶梯（层次更多）[②]，在本书中没有得到支持，经过统计分析，本书中的高龄组与低龄组学龄前儿童构建的阶梯层数没有显著性差异。阶梯法的A—C—V结构在本书中多以A—C的形式出现，最终构建的HVM中没有达到价值观层次，这与Zaman和Abeele对2—7岁学龄前儿童的研究结果一致[③④]。

对于阶梯内容而言，图书馆日常服务部分，属性层次以具体属性为主，结果层次以功能性结果为主；图书馆活动部分，属性层次以具体属性为主，结果层次以心理社会性结果为主，这可能与学龄前儿童的认知能力有关。学龄前儿童更加倾向于注意并被产品的外部因素吸引[⑤]，使得能够直观感知的具体属性更容易成为学龄前儿童被图书馆服务与活动吸引的原因。儿童在2—7岁的阶段不断发展自我概念，包括能够认识自身的特征、能力、态度、价值观等[⑥]。因此，在这一发展阶段，儿童开始尝试将对事物的喜好与其对自身的影响归因与表达出来，形成了各种结果层次的元素。但为何服务的属性能够更多地揭示功能性结果，活动的属性更多地揭示心理社会性结果，尚需要进一步探索。

4.4.3.2 阶梯法的局限

阶梯法作为一种质性定量结合的方法，综合了质性与定量分析方法的

---

①②④⑤　ABEELE V V，ZAMAN B，GROOFF D D. User experience laddering with preschoolers：unveiling attributes and benefits of cuddly toy interfaces[J]. Personal and ubiquitous computing，2012，16（4）：451-465.

③　ZAMAN B，ABEELE V V. Laddering with young children in user experience evaluations：theoretical groundings and a practical case[C] //Proceedings of the 9th international conference on interaction design and children. ACM，2010：156-165.

⑥　伯克. 伯克毕生发展心理学：从0岁到青少年[M]. 4版. 陈会昌，等译. 北京：中国人民大学出版社，2014：271.

特点。在质性分析阶段，研究者需要在访谈文本中识别元素（即属性、结果、价值观）并编码。此后，根据质性分析的技巧进行归纳与范畴化，同时依照A-C-V的结构组织模型。在质性分析阶段结束后，阶梯法进入定量分析阶段。首先按照每位受访者的回答构建个人的阶梯，然后将数据综合输入SIM中，统计所有受访者阶梯中的直接联系与间接联系数据。为了识别主要的联系与结构，需要尝试不同的截断值来生成不同的模型，以尽可能保留最多的信息同时令结构简洁为目标。规定好截断值后，低于截断值的联系需要被删除，高于截断值的联系能够得以保留。这一阶段后，阶梯不再以独立的形式出现，而是组合成综合的链接，用HVM的形式展示。HVM即是阶梯法研究的最终目标，能够提供受访者对产品与自我关系的概览，揭示使用特定产品的动机①。

不过，本书发现，阶梯法在少数派样本上表现效果较差。与质性研究的主张不同，由于引入了定量统计与截断值，使得阶梯法会去掉较少人构建的联系与元素。这也就意味着当提及某一看法的人数过少时，相关的元素与联系就不会出现在最终的HVM中。举例而言，一名儿童很喜欢天津市少年儿童图书馆梦娃绘本馆区中的海外绘本馆，因为其中有繁体字的书和英文书（A），可以帮助学习知识、与人交流（C），因为他喜欢和别人交流（V）。这是一条完整的阶梯法A-C-V结构的链条，但由于提及相关元素、联系的仅有一人，低于截断值2而被删除，最终没有进入HVM。故而在本书中，无法从这位受访者的回答中得到提升图书馆服务的建议与方向。对此，对于学龄前儿童应用阶梯法可以引入权重的计算方法，因为学龄前儿童较少能够提出价值观元素，那么对于提出价值观元素的阶梯结构可以赋予较高的权重，使其得以保留。

此外，样本量同样影响了HVM结构。以活动部分为例，3条A-C-V链（唱歌—歌曲—悦耳/喜欢听、唱歌—老师—悦耳/喜欢听、讲故事—

---

① ABEELE V V, ZAMAN B, GROOFF D D. User experience laddering with preschoolers：unveiling attributes and benefits of cuddly toy interfaces[J]. Personal and ubiquitous computing，2012，16（4）：451-465；REYNOLDS T J, GUTMAN J. Laddering theory, method, analysis, and interpretation[J]. Journal of advertising research，1988，28（1）：11-31.

老师—悦耳/喜欢听）组成了图4-7中的HVM局部。依照截断值2，仅应保留唱歌—歌曲、讲故事—老师、老师—悦耳/喜欢听作为HVM包含的3条A-C-V链。但在此情况下，无法绘制出符合受访者认知的HVM，因为3名提到"悦耳/喜欢听"元素的受访者中的2名是由唱歌引发的，但依据HVM的绘制要求，一条A-C-V链中两个元素之间的联系由于截断值而被删除，不影响更高级别的联系数量[①]，使得本图最终会保留"讲故事—老师—悦耳/喜欢听"的A-C-V链，显然不符合原意。因此，本书保留了"歌曲—悦耳/喜欢听"的联系，以避免歧义。本书认为，这也属于样本量较小导致的阶梯法出现问题的极端情况。

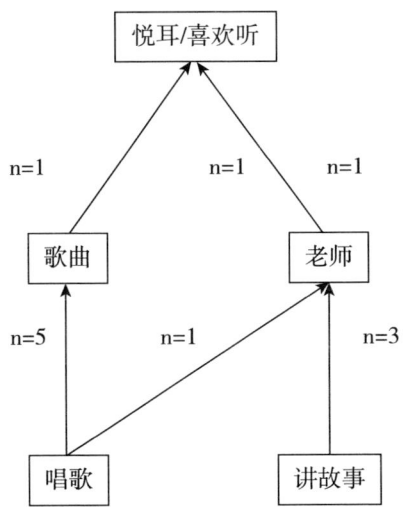

图4-7　学龄前儿童对图书馆活动偏好的等级价值图（局部）
资料来源：作者整理。

4.5　本章小结

在获得学龄前儿童对图书馆服务看法的基础上，本书将图书馆服务根

---

① REYNOLDS T J, GUTMAN J. Laddering theory, method, analysis, and interpretation[J]. Journal of advertising research, 1988, 28（1）: 11-31.

据现实情况细分为图书馆日常服务与图书馆活动两部分，采用阶梯法考察儿童对二者的偏好。

研究首先验证了阶梯法在学龄前儿童对图书馆服务偏好中的可行性。在此基础上，获得了学龄前儿童对图书馆日常服务与活动的偏好。研究发现：书、游乐区、同龄人、软包区域、椅子是图书馆服务中吸引儿童的内容。儿童喜欢的动机涉及抽象属性、功能性结果、具体属性、心理社会性结果4个层面。其中，书很多、书可以用于学习知识、书的主题吸引人占据了主流观点。对于活动部分，笔者自行举办活动吸引儿童参加，并调查了儿童对活动的偏好。在活动中，绘本、唱歌、手指操三种活动形式均受到了儿童的欢迎，儿童喜欢的动机同样涉及抽象属性、功能性结果、具体属性、心理社会性结果4个层面。其中喜欢唱歌、歌曲好听、绘本中的角色与情节吸引人、手指操易学是形成偏好的主流动机。

上述研究为提升图书馆服务与活动提供了很多经验，包括在日常服务中重视实体书、重视图书馆中的区域与物品设计、创造亲子的阅读条件与氛围、创造同龄人互动空间、努力形成本馆特色；在活动中需要不断创造新奇感吸引儿童的注意、控制任务与游戏的难度、保证活动组织者与老师的专业性。

5 学龄前儿童对图书馆儿童服务的整体认知

综合第3章与第4章的研究结果，可以得到学龄前儿童对公共图书馆儿童服务的看法与态度。本章对前两章研究结果进行分析、整合，尝试还原学龄前儿童有关公共图书馆儿童服务的整体认知，揭示学龄前儿童对图书馆的共性认知图景。此外，图书馆的特色设置丰富了儿童有关图书馆的整体认知，有助于他们发展出关于图书馆的更加稳定的认知结构，本章对这些内容也进行了分析。

为简化起见，本章将"学龄前儿童对图书馆服务的感知研究"称为"感知研究"，将"学龄前儿童对图书馆服务的偏好研究"称为"偏好研究"。

5.1 学龄前儿童的图书馆共性认知

在学龄前儿童使用图书馆的情境下，探索学龄前儿童对于图书馆整体认知的意义在于了解学龄前儿童当下认知中对图书馆的认识与这些认识的组织结构，这有助于我们反思为学龄前儿童提供的图书馆资源与服务是否被他们感知到。此外，当前的认知图景是学龄前儿童继续认识图书馆的基础，只有凭借当前的内部结构，我们才能知道今后需要通过什么样的外界刺激，促使学龄前儿童对于图书馆认识的发展，以帮助学龄前儿童继续认识图书馆。举例而言，如果我们希望学龄前儿童长大后能够很好地接收到图书馆界对于图书馆的定位，如"信息的查询与获取"，那么就需要了解他们接受这一定位的认知图景基础，再思考通过怎样的刺激才能使他们发展出相关的认知系统。

本书发现，学龄前儿童有关儿童图书馆的整体认知包含书、实体空间、规则、人4个部分（见图5-1）。下文将对各个部分进行详细的论述与分析。

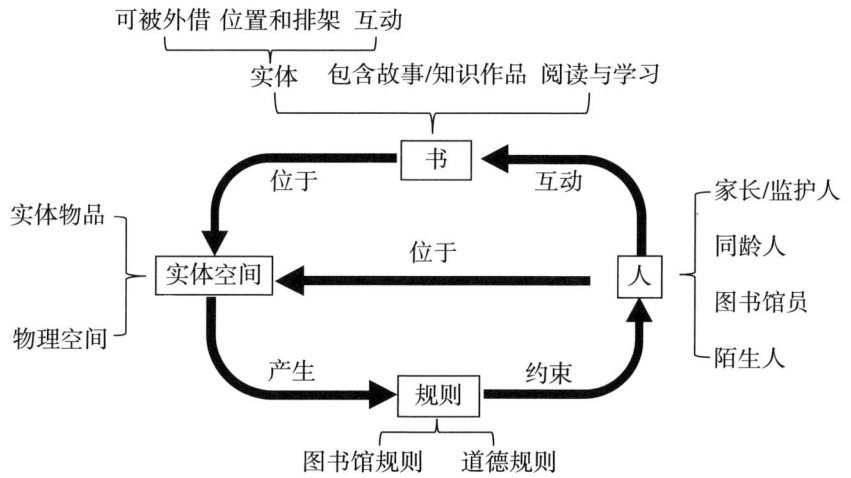

图 5-1　学龄前儿童对图书馆服务共性认知模型

资料来源：作者整理。

5.1.1　书

认知与偏好两项研究中，全部受访儿童都提到图书馆的书，到图书馆看书、借书是学龄前儿童来图书馆的最主要目的；图书馆是看书的地方，是学龄前儿童对图书馆的主要印象；书是学龄前儿童在图书馆中最喜欢的事物。以上说明在学龄前儿童视角中，书是图书馆的核心。

5.1.1.1　实体属性

对于学龄前儿童而言，图书馆的资源一般指向纸质书。因为无论是受访儿童直接提及书的方式（抽出书架上的书拍照、使用"看书""借书"等表达方式、画出一本本的书），还是一些受访儿童将图书馆里的各种物品赋予与书相关的职能（如看书的垫子），都可以发现学龄前儿童视角中的书是实体化的、有载体的纸质书。

受访儿童在谈及书的时候，也会提及它因具有实体形态而延伸出的其他属性，包括可被外借、具有位置属性、可以互动。结合学龄前儿童对图书馆功能（来图书馆借书）与规则（图书逾期罚款）的理解，可以发现，学龄前儿童可以理解图书馆中的书具备借阅的属性。在感知研究中，很多儿童能够指出分布在图书馆中各个位置的书具有不同的主题或适合不同年龄段的读者，此外，一些儿童抱怨找不到书，也反映出纸质书不明确的位置造成的找书困难。一些儿童演示翻书并寻找书内的插图，也都是在和书进行互动。

5.1.1.2 内含故事/知识作品

在所有关于公共图书馆的表述（如IFLA的《公共图书馆服务发展指南》和《中华人民共和国公共图书馆法》中的定义等）中，"信息"都是图书馆的核心功能之一，于良芝将其总结为公共图书馆存在的基本目的就是保证社区成员对信息的查询与获取[①]。在各种关于公共图书馆与信息的表述中，公共图书馆一般通过提供资源和服务来使读者获取信息（"通过向社区成员提供各类资源和服务，使他们可以获取知识、信息、终身学习、创作类作品"[②]），即服务和资源中包含信息。然而通过前一部分的分析，我们发现学龄前儿童很难感知到图书馆的服务，也几乎不使用图书馆的服务，因此要检验学龄前儿童是否能够如政策制定者设想的一样获得图书馆所提供的信息，只需检验他们能否通过资源得到信息。对于学龄前儿童而言，图书馆的资源一般指向纸质书。那么此时检验学龄前儿童是否能意识到图书馆能够提供信息就变为了考察他们的视角中纸质书是否包含信息。然而回答也是否定的。在研究中，当笔者要求受访儿童详细描述他们喜欢什么书时，他们会采用白雪公主、蚂蚁和西瓜、动物、小汽车等主题作答，追问后也没有得到包含在书中的信息。如表4-4中的例子，TJ58回答图书馆中的书中最喜欢《兔子喜欢做的事》这本书，因为她喜欢兔子，但之后的回答仅关于兔子而脱离了该书，使得我们并没有得到"兔子喜欢做哪些事"等信息。因此，从学龄前儿童的表达中可以提炼出书作为载体承载的是作品（如有关兔子的故事作品、有关恐龙的科普作品），而非包含文字、

---

① 于良芝. 图书馆情报学概论[M]. 北京：国家图书馆出版社，2016：205-206.

② KOONTZ C，GUBBIN B. IFLA public library service guidelines[M]. Berlin：De Gruyter Saur，2010：1.

图画与意义组合而成的信息（如兔子喜欢做哪些事的信息、恐龙的物种信息等）。因此，学龄前儿童眼中的纸质书并非提供信息，而是提供了作品。那么"图书馆通过提供资源来使学龄前儿童获得信息"这一命题也无法成立，也无法论证得到学龄前儿童认为公共图书馆能够为自己提供信息。

学龄前儿童不能理解抽象概念[①]，他们难以理解"信息"等没有实体对应的概念，更难以表达出来。因此，无法从他们的表达中总结出公共图书馆可以为他们提供信息的结论。但需要注意的是，本书的结论不意味着他们没有从资源中获得信息，而是他们没有意识到书中的内容是信息，也无法表达出来。这提示我们，如果需要培养这一群体的信息素养，需要尊重学龄前儿童的认知发展规律，帮助他们由浅入深地理解信息等概念，并帮助他们识别从资源中获得的哪些内容是信息，才能事半功倍。

5.1.1.3 支持阅读与学习

阅读是幼儿在图书馆的主要活动。在偏好研究中，超过三分之一的参与者表示喜欢书，因为它可以用来学习。大多数儿童认为书可以给他们带来知识，拥有知识会让他们感觉很好。一些孩子表示他们用书本来学习汉字。在这一群体中，还有少数儿童通过书籍向同龄人和父母炫耀自己的识字量，这是他们阅读的动机。在感知研究中，一些儿童展示了科普类的书籍。他们表示，他们可以从书中获得关于动物、汽车和其他事物的知识。参与感知研究的女孩一边画书，一边小声说着所画书的主题。这些书，尤其是最后几本书，都是用问题来命名的。她表示这些是她最近感兴趣的书，从中可以推测，她认为书可以解决她的问题。

5.1.2 实体空间

认知与偏好两项研究均表明，实体空间是学龄前儿童视角中公共图书馆的基础特征。学龄前儿童在公共图书馆中关注可触摸的桌椅玩具等实物和作为实际存在场所的图书馆，而不是非实物的服务。在感知研究中，学龄前儿童的摄影作品、画作、访谈均反映出图书馆是一个真实存在的地

---

① 皮亚杰. 发生认识论原理[M]. 北京:商务印书馆,1981:32.

方，内含各种可以触摸的有形实物；在偏好研究中，学龄前儿童指出喜欢图书馆的书、椅子、游乐区域，这些也都是有形实体，均反映了学龄前儿童眼中的图书馆是实体空间，内含实体物品。

对于公共图书馆，研究者与政策制定者经常将其视为服务机构，强调图书馆的服务。在这类话语中，图书馆的实体空间往往不如其提供的服务重要。图书馆服务多指以非实物形式满足读者需求的各种活动（如流通阅览、参考咨询等）。默认的服务提供主体是图书馆员。然而，本书研究中大部分学龄前儿童并没有感知到图书馆提供的无形服务，也没有对此提出需求（仅有三位儿童意识到可以向图书馆员寻求帮助），这反映出在学龄前阶段，儿童还较少对图书馆的服务产生感知与要求。而与之形成鲜明对比的是，大量的受访儿童提及图书馆中的实体物品和场所。这提示我们，如果希望将公共图书馆推广至学龄前儿童群体，展示图书馆儿童友好的实体空间设计与丰富的物品设置比强调图书馆的服务效果更好。

这些对于图书馆是实体的印象来自学龄前儿童的认知特征。根据皮亚杰的理论，学龄前儿童处于前运演阶段，在这一阶段最初的几年里，学龄前儿童对概念的理解还停留在不能离开活动的具体概念水平上，不能理解抽象概念[1]。举例而言，受访儿童将图书馆定义为看书的地方、垫子定义为看书的垫子，是因为他们在这些地方的主要活动就是看书，因此无法总结出超越"看书"这一行为的其他抽象概念，也很难理解"服务"这类没有对应有形实体的抽象概念。

5.1.3 规则

在两项研究中，学龄前儿童的观点均涉及了与道德规则、图书馆规则相关的行为与看法。据此笔者推测，学龄前儿童的图书馆整体认知中，有规则的存在。

在感知研究中，儿童提到图书超期罚款，说明他们认识到图书馆的规则，而儿童抱怨"图书馆被弄得乱七八糟的""书都被人撕破了""图书馆

---

① 皮亚杰.发生认识论原理[M].北京:商务印书馆,1981:32.

太吵了"反映了他们对图书馆规则的维护（即图书馆的整洁需要被大家维护、图书馆的书需要得到保护）；"玩具要大家一起玩，不是一个人玩的"同时反映了对图书馆规则的维护（即玩具属于图书馆，是公共物品）与对道德的遵守和内化（即要求分享、追求公正）。在偏好研究中，儿童明确表达了不喜欢图书馆里太吵，也反映了他们对图书馆在完善规则方面的要求。

总结而言，学龄前儿童能够意识到的规则包括两层含义：其一是图书馆作为公共空间的规则，包括需要分享玩具等设施设备、不能在馆内吃东西等普遍适用于公共场所的规则，即需要遵守的道德规则；其二是图书馆独特的规则，包括借阅/借用规定与流程、图书馆开闭馆时间、图书超期罚款等。

5.1.4 人

5.1.4.1 家长/监护人

亲子关系是儿童在人生最初的阶段最为依赖的关系。在图书馆中，学龄前儿童也以各种行动展示着对父母的重视，反映出"家长"也是学龄前儿童眼中图书馆认知体系中的组成部分。

在感知研究中，受访儿童既在图书馆中与家长进行亲子互动、享受亲子时光，又在家长的引导、干预之下。在儿童图书馆中，家长与学龄前儿童的互动方式主要为3种：①为孩子阅读绘本、讲故事、共同选择阅读或将要借回家的书籍；②与孩子做游戏、玩玩具；③为孩子解决如找不到书、够不着书等困难与问题。这些互动使儿童与家长的关系更加亲密，并成了儿童喜欢来图书馆的原因之一。同时，一些家长会对孩子进行干预，如孩子选书、家长进行筛选，或直接由家长挑书。无论是积极的引导，还是直接的干预，这些现象均可以被认为是孩子和家长延续了家庭生活中的模式，即将家庭生活带到了图书馆中。在偏好研究中，可以听家长讲故事、和家长一起读书，成了受访儿童喜欢书的理由。可见，学龄前儿童对书的喜欢也源于以其为介质可以与家长互动。

5.1.4.2 同龄人

学龄前儿童在两项研究中表现出对同龄人极大的关注。

在感知研究中，受访儿童的照片、话语中多出现同龄人的身影。图书馆激发了儿童的社交需求、提供了认识朋友的机会，也巩固了以往的友情。此外，还有一些儿童是通过他们的朋友才知道图书馆、来到图书馆的。在偏好研究中，图书馆中有很多小朋友是受访儿童喜欢图书馆的因素，因为在图书馆中可以与小朋友玩，满足了受访儿童的心理与社交需求。

5.1.4.3　图书馆员

在图书馆里，学龄前儿童可以区分出图书馆员和其他成年人。同时，他们也能够说出图书馆员的一些工作职责。当儿童找不到书的时候，他们会积极地寻求图书馆员的帮助。有的儿童还会抱怨图书馆员不帮助其他人。从儿童的角度来看，图书馆员的职责包括"帮助读者、整理图书、寻找图书、帮助读者借阅和归还图书"。大多数学龄前儿童通过观察了解图书馆员的工作，还有一些儿童通过阅读相关的书籍了解图书馆员的工作。

5.1.4.4　陌生人

学龄前儿童的眼中出现了陌生人，说明他们可以意识到公共图书馆是公共空间，充满了自己熟知的人以外的人。同时，陌生人在学龄前儿童眼中也充当了"麻烦制造者"的角色，如造成环境嘈杂吵闹、破坏图书等物品，令学龄前儿童反感，同时也提示着他们需要注意道德规则与图书馆规则。

总结四种学龄前儿童在图书馆中注意到的人，可以发现亲子关系是学龄前儿童最为依赖的关系，这种关系十分稳固，家庭中的相处模式可以延伸至图书馆中。同龄人关系是学龄前儿童正在尝试建立的关系，学龄前儿童在图书馆中会认识新朋友、巩固以往的友情，看到图书馆中充满了同龄人也令他们欣喜。图书馆员是不同于其他陌生成年人的工作人员，学龄前儿童眼中的他们负担有一定的职责。陌生人使得学龄前儿童意识到图书馆属于公共空间，并且一些陌生人的行为也使得学龄前儿童意识到了规则的存在。

5.1.5　学龄前儿童对公共图书馆儿童服务的共性认知

在获得上述四部分学龄前儿童对图书馆的认知内容基础上，本书根据学龄前儿童视角将它们连接起来，构建学龄前儿童对图书馆认知的完整模型。

学龄前儿童对于非抽象的空间、书、人具有较好的理解，对于这三者之间的关系，可以直接从学龄前儿童的描述中获得。例如，在儿童的角度，书是实体化的物品，有存放的地方，可以被借阅，读者可以阅读并获得知识。这将书、人、实体空间三者连接起来：书被放置在图书馆中，人与书进行互动。同样，儿童抱怨图书馆人太多，说明图书馆是有很多人的物理空间。在这个物理空间里，他们可以与父母、同龄人、图书馆员、陌生人进行互动。

对于抽象的概念，即规则，笔者只能通过儿童的话语分析它与其他事物的联系。一是实体空间与规则之间的联系。在学龄前儿童看来，图书馆是制定图书馆规章制度的主体，如图书借阅规则、开闭馆时间等。在道德规范方面，由于图书馆是室内公共空间，一些共识在孩子们一进入图书馆就开始起作用。例如，他们明白在图书馆内不能吃东西或发出噪音。当孩子们意识到他们是在图书馆时，这些规则就会起作用。因此，实体空间与规则之间的关系可以推测为实体空间产生规则。二是人与规则之间的联系。学龄前儿童能够使用规则来约束自己、遵守规则。与此同时，陌生人的违规行为也会让他们意识到规则的存在。在儿童看来，陌生人就像"麻烦制造者"，比如制造噪音、破坏书籍和其他物品。这同时提醒儿童们要遵守道德规范和图书馆的规章制度。例如，一些儿童注意到书页被撕破了，这让他们感到很恼火，因为"如果书被撕破了，其他人就不能阅读了"。这些不良行为激发了儿童在图书馆的道德规范和规则意识。他们用这些规则来进行道德自律，同时希望别人也能约束自己。因此，人与规则的关系就是规则"约束"人。此外，在研究收集到的资料中，我们没有发现规则对书的直接作用。

5.2　学龄前儿童的图书馆特色认知

在横向比对调研了8座图书馆后，笔者发现每个图书馆都有其特色：天津港保税区文化中心图书馆可出借iPad，并设置有巨大的软垫区域供儿童玩耍与阅读；天津市少年儿童图书馆梦娃绘本馆区设置有海外绘本区、字母形状的凳子、软垫区域；杭州少年儿童图书馆、杭州市临安区图书馆、福建省少年儿童图书馆、天津市红桥区少年儿童图书馆都设置有专门的游乐区域，内有大型游乐设施（如海洋球池、滑梯、虚拟厨房等）和玩具（恐龙模型、布娃娃、小推车等）；上海市少年儿童图书馆与上海浦东图书馆装饰比较吸引儿童，前者有墙面装饰与S形书架，后者的少儿阅览室设置了装饰树。这些图书馆特色也都反映在了受访儿童的摄影、绘画作品与访谈中，说明图书馆的特色塑造均得到了儿童读者的认可。

需要注意的是，所谓"图书馆特色"是笔者走访了多座图书馆后的发现，但对每一座图书馆各自的学龄前儿童读者而言，这些已经被纳入他们有关图书馆的认知图景之中，成为后续理解图书馆的基础。举例而言，杭州少年儿童图书馆的受访儿童认为图书馆是玩玩具的地方，天津港保税区文化中心图书馆的受访儿童认为图书馆可以玩iPad、在软垫上跳舞，天津市少年儿童图书馆梦娃绘本馆区的儿童喜欢图书馆的字母椅子，这些都反映了图书馆特色给学龄前儿童建立起的对图书馆特色认知。这些认知与共性的整体认知一起存在于学龄前儿童的认知中，作为日后继续认识图书馆的基础。

皮亚杰的认知图式理论认为，通过个体与环境的不断作用，图式会对外部刺激产生反应，包括互补性的同化与顺应两种活动。同化是个体用已有的图式去解释外部世界，顺应是建立新的图式或调整旧图式使其适应外部环境。皮亚杰指出，同化与顺应之间的均衡随着时间而变化。当儿童自己的变化很小时，同化多于顺应，皮亚杰将这个状态称为认知平衡，意指一种稳定、适当的状态。在认知迅速变化期，儿童处于失衡或认知不适状态。这时的儿童发现，新信息与自己已有的图式不匹配，因此从同化转为了适应。一旦调整了原有图式，就会重新回到同化状态，对新形成的结构进行练习，直到下一次调整图式[1]。两种活动方式没有优劣，但根据皮亚杰的理论，图式达到真正的平衡状态时，各种图式会联系在一起形成更大的结构网络，以适应周围环境[2]。这也就意味着，对于同一事物，更加丰富的图式组成的结构网络更加稳定。举例而言，在杭州少年儿童图书馆的调

---

① ② 伯克.伯克毕生发展心理学:从0岁到青少年[M].4版.陈会昌,等译.北京:中国人民大学出版社,2014:159.

研中，4名家长感叹"我以为图书馆都是看书的地方，没有想到图书馆有这么好玩的地方（指玩具天地）"，但他们的孩子却自然地说出"图书馆是可以玩玩具的地方"。家长的感叹意味着他们或许认为图书馆只是看书的地方，这样的图式结构遇到了可以玩玩具的图书馆的外部事实刺激，即会通过顺应活动进行重组，让家长较大程度地改变对图书馆的理解。但学龄前儿童建立起的图书馆初始图式就包含了可以玩玩具的认知，他们有关图书馆的图式结构比家长的图式结构更加丰富与稳定。那么可想而知，当图书馆引入新的服务形式时，学龄前儿童可能会比他们的家长接受度更高。

根据图式调整的理论，可以推测，当图书馆为学龄前儿童提供丰富的体验时，学龄前儿童有关图书馆的图式也会随之丰富，结构更加稳定，新的刺激带来的更多是同化活动，因而对待图书馆的新举措接受度会更高。

5.3 学龄前儿童视角下的儿童图书馆与专家定位的异同

将学龄前儿童视角下的图书馆服务共性认知模型（简称"儿童视角模型"，见前文图5-1）与成人研究者及实践者在文献与政策中提出的儿童图书馆服务和功能（简称"专家视角"）进行比较，可以发现一些相似与不同之处。

首先，在图书馆提供的服务中，馆藏、实体空间、人在二者的视角下均有出现。在专家视角下，馆藏资源被认为是图书馆的核心组成部分。儿童图书馆通常为儿童提供小说和非小说、学习材料、音频和视频资源、玩具、游戏等实物和数字形式的馆藏资源[1]。在儿童区域，实物馆藏资源占主导地位，因为印刷品对儿童的阅读和读写技能至关重要[2]。当专家们提到

[1] RANKIN C. IFLA guidelines for library services to children aged 0-18[EB/OL].[2020-12-04]. https://www.ifla.org/publications/node/67343?og=51.

[2] KRISHNAN S, JOHNSON M H. A review of behavioural and brain development in the early years：the "toolkit" for later book-related skills[R].London：Booktrust，2014；RANKIN C. Library services for the early years：policy，practice，and the politics of the age[J]. Library trends，2016，65（1）：5-18.

儿童图书馆空间时，一般指实体空间。研究者认为，可以容纳各种印刷材料、举办阅读推广活动的图书馆实体空间对学龄前儿童的读写能力发展至关重要，因为他们接触语言、学习识字均始于书籍和有趣的阅读活动①。根据《国际图联0—18岁儿童图书馆服务指南》，图书馆空间应具有邀请性、吸引力、挑战性和非威胁性，以鼓励儿童见面、玩耍和交流②。同样，韩国的一项调查显示，家长和教师也关注儿童图书馆空间提供的安全性和舒适度，包括适当的卫生、通风、湿度和温度③。对于图书馆中的人，专家的重点往往在于图书馆员、监护人、同龄人，这与儿童的认知也十分一致。图书馆被认为是"第三空间"，因为它们的关键功能之一是提供机会，在社区成员之间建立联系，从而帮助他们产生社会资本④。在人生早期，孩子们从家庭中获得社会资本，直至成长至五六岁，同龄人会为他们提供新的社

---

① KRISHNAN S，JOHNSON M H. A review of behavioural and brain development in the early years：the "toolkit" for later book-related skills[R]. London：Booktrust，2014；PAYNE A C，WHITEHURST G J，ANGELL A L. The role of home literacy environment in the development of language ability in preschool children from low-income families[J]. Early childhood research quarterly，1994，9（3）：427-440；RANKIN C. IFLA guidelines for library services to children aged 0-18/revised vision（2018）[EB/OL]. [2020-12-04]. https：//www.ifla.org/publications/node/67343?og=51；RANKIN C. Library services for the early years：policy，practice，and the politics of the age[J]. Library trends，2016，65（1）：5-18；ABEELE V V，HAUTERS E，ZAMAN B. Increasing the reliability and validity of quantitative laddering data with LadderUX[C]//CHI '12 extended abstracts on human factors in computing systems，2012：2057-2062.

② RANKIN C. IFLA guidelines for library services to children aged 0-18[EB/OL]. [2020-12-04]. https：//www.ifla.org/publications/node/67343?og=51.

③ HONG H J，KANG M H，JUNG M B，et al. Analysis of the demand of parents and teachers for children's library[J]. Journal of the Korean society for information management，2009，26（2）：149-172.

④ HOUGHTON K，FOTH M，MILLER E. The continuing relevance of the library as a third place for users and non-users of IT：the case of Canada Bay[J]. Australian library journal，2013，62（1）：27-39；MILLER J. The third place：the library as collaborative and community space in a time of fiscal restraint[J]. College & undergraduate libraries，2011，18（2/3）：228-238；ELMBORG J K. Libraries as the spaces between us：recognizing and valuing the third space[J]. Reference & user services quarterly，2011，50（4）：338-350.

会资本支持[①]。孩子们在图书馆与父母和同龄人互动，有助于他们获得社会资本。

　　然而，一些被学龄前儿童关注的内容却被专家们忽略了。在图书馆的情境中，学龄前儿童可以同时意识到道德规则和图书馆规则，并遵守这些规则。这一发现与学龄前儿童在玩具图书馆（类似于玩具租借中心的机构）的道德表现研究的发现是一致的。在玩具图书馆中，年幼的儿童在借阅和等待玩具的过程中学会分享，他们往往比不能进入玩具图书馆的同龄儿童对公共物品有更好的管理能力[②]。在本书的研究中，笔者发现公共图书馆可以培养学龄前儿童的道德规则意识，如分享公共物品和不打扰他人，以及了解图书馆的规则，如图书借阅政策和逾期罚款。这说明图书馆是培养学龄前儿童道德意识和规则感的合适场所。图书馆可以通过使图书馆规则和道德规则更清晰和更易理解来提高学龄前儿童的道德意识和规则感。

　　通过与专家视角的对比，可以发现儿童视角模型不仅涵盖了专家视角的所有要素，而且还从两个方面拓展了专家对儿童图书馆服务和功能的研究：一是揭示了学龄前儿童对规则的感知，这在以往的文献中没有提及。儿童在图书馆可以了解图书馆的规则，遵守公共场所的道德规则。知道这一点有助于我们了解学龄前儿童这方面的能力，进而开展相应的引导和服务。二是通过儿童视角模型具象化了专家视角。虽然大多数认知内容和关系是一致的，但专家视角的表达比儿童视角模型更抽象，使得许多服务从专家的角度来看缺乏具体操作路径。例如，专家提出图书馆的功能包括产生社会资本，并解释儿童的社会资本包括父母、同伴和社区成员。儿童视角模型指出，父母、同龄人、图书管理员、陌生人是学龄前儿童在图书馆可以感知的四种人，还指出了学龄前儿童与这些群体的互动模式。以同龄人为例，学龄前儿童和同龄人之间的互动既包括结交新朋友，也包括巩固已有的友谊。儿童视角模型可以使得面向学龄前儿童的服务更具针对性。

---

　　① 伯克.伯克毕生发展心理学：从0岁到青少年[M].4版.陈会昌,等译.北京：中国人民大学出版社,2014:278.

　　② OZANNE L K, OZANNE J L. A child's right to play:the social construction of civic virtues in toy libraries[J]. Journal of public policy & marketing,2011,30（2）:264-278.

5.4　本章小结

　　本章综合了前两章相关研究的发现，从中提取出学龄前儿童对图书馆的整体认知。研究发现，学龄前儿童有关儿童图书馆的共性认知包含书、实体空间、规则、人，并揭示了学龄前儿童视角下四部分内容的互动模式，构建了学龄前儿童视角下的图书馆服务认知模型。除共性认知外，各个图书馆的特色设置丰富了学龄前儿童的图书馆认知图景。根据相关理论，本书提出应着重建设图书馆的特色，丰富学龄前儿童对图书馆的体验与认识，有助于他们在成长过程中顺利同化图书馆自身的信息服务机构定位与不断创新的举措与理念。在此基础上，本书对成人专家提出的儿童图书馆服务设计与学龄前儿童视角下的图书馆服务共性认知模型进行了比较，发现了二者在书、实体空间、人方面较为一致，但学龄前儿童能够感知到的图书馆中的规则没有被专家提及。

　　这些发现提示我们，学龄前儿童视角中的公共图书馆与当前图书馆界描绘的公共图书馆形象与定位并不完全重合，也与当下诸多图书馆发展趋势有所背离。因此，当前的公共图书馆儿童服务需要做出相应调整。

6 基于学龄前儿童视角的图书馆儿童服务建议

在获得学龄前儿童对公共图书馆感知、态度与认知的基础上，我们需要重新审视为学龄前儿童提供的图书馆服务，并调整服务策略。本章即是基于前文研究成果，结合发展心理学与图书馆学的专业知识，对我国图书馆学龄前儿童服务提出的改进建议。

6.1 着重建设实体空间

学龄前儿童视角中的公共图书馆首先是一个实体空间，内有可触摸的实物。相较于图书馆的服务，他们对实体空间与实物表达了更多的关注与偏好。这提示我们，公共图书馆加大对空间的建设投入与其中家具、玩具、设施等的设计策划，能够收获学龄前儿童更多的好感。

6.1.1 重视实体空间与物品

学龄前儿童对图书馆空间的重视为我们提示了两项图书馆儿童服务的重点：空间的整体装饰与空间内部家具物品的安排。

当前国内的儿童图书馆空间布置多着力在墙面，以悬挂装饰画或进行喷涂等方式装饰。但对于学龄前儿童而言，过高的墙面装饰反而超出了他们的视野范围，并没有起到预想的效果。此外，装饰多以成人的审美为主，很少考虑到学龄前儿童的审美偏好。

　　国外的一些图书馆会将儿童阅览区域全部以主题进行装饰改造，如美国加州喜瑞都图书馆以书作为主题的图书馆装饰（见图6-1），受到了儿童的广泛欢迎。

图 6-1　美国加州喜瑞都图书馆儿童区入口

资料来源：CERRITOS LIBRARY. Library interior photographs［EB/OL］.［2021-05-04］. http://menu.ci.cerritos.ca.us/galleryInteriors/PhotoGallery_Interior.html.

　　预算有限的图书馆可以参考美国北卡罗来纳州教堂山公共图书馆的做法，仅在图书馆的一个区域着力进行装饰设计，成为图书馆中的地标，安排活动或吸引儿童聚集玩耍。如图6-2，该图书馆采用壁画和假树干的设计方案，在儿童阅览区中的一个角落进行装饰，同样能够吸引儿童读者。

图 6-2　美国北卡罗来纳州教堂山公共图书馆儿童区一角

资料来源：Chapel Hill Public Library. Chapel Hill public library photo［EB/OL］.［2021-06-07］. https://chapelhillpubliclibrary.org/chapel-hill-public-library-2/.

图书馆的家具选择、物品安排也能够影响学龄前儿童对图书馆的喜爱程度。学龄前儿童对家具有自己的偏好与详细的选择标准，图书馆依据他们的标准设计与选购馆内的家具可以增强他们对图书馆的好感。天津市少年儿童图书馆梦娃绘本馆区中的字母形状的椅子和绕柱沙发软包区域是受访儿童最喜欢的部分，可以光脚在其中玩耍或看书、坐着更有安全感是受访儿童喜欢这些家具的理由。因此，图书馆在选购家具时需要尊重儿童用户的身体特征与需求。

6.1.2　用图书馆特色加深儿童记忆

两项研究中，图书馆的特色都为受访儿童留下了深刻的印象。在感知研究中，受访儿童的照片、访谈、绘画作品均含有各图书馆的特色，相较于特色的馆藏或物品，受访儿童对特色区域更为关注，他们会花大量的时间在图书馆的特色区域中阅读和玩耍。在偏好研究中，儿童直接表达了对各个图书馆中特色物品、区域的喜爱，反映出他们对图书馆特色物品的接纳。

学龄前儿童对图书馆特色的看法与态度为我们提示了以下服务重点：首先，图书馆儿童区域设计中的巧思会被学龄前儿童感知到，并往往受到欢迎；其次，学龄前儿童对图书馆的印象来源于吸引他们注意的内容，图书馆的特色馆藏、物品、区域均可以成为努力的方向。

研究中有多位家长也表达了他们的想法，提及他们对图书馆印象有所改观，如杭州少年儿童图书馆中的4名家长均表示"我以为图书馆都是看书的地方，没有想到图书馆有这么好玩的地方（指游乐区）"。然而，当询问儿童对于图书馆的看法和感受时，没有受访者表示对儿童图书馆的看法产生变化。前文从皮亚杰的发生认识论的图式理论的角度进行了分析，同时，这个对比也展现了学龄前儿童的记忆特征。

对日常生活的经验记忆包括对熟悉情形的记忆与对一次性事件的记忆。第一次来图书馆的儿童，会使用自传式记忆的方式回忆此次在图书馆的经历，即根据时间总结特定事件[①]。例如，一位第一次来图书馆的儿童可能之后会回忆起先走进阅览室，然后拿书、看书，之后办理借书证、办理借书手续，离开。那么，对个人有意义的事件就成了记忆产生的契机。因此，在图书馆找到有意思的书、和父母有了新的互动方式、玩 iPad、和其他小朋友玩等都能够成为对儿童有意义的一次性事件，成为一次性的自传式记忆。对于经常来图书馆的儿童，对熟悉情形的记忆机制开始发挥作用，此时，儿童依靠情节进行记忆。情节是对特定情境中发生的事情和发生时间的一般描述。学龄前儿童的情节是从主要行动的结构开始的[②]。3 岁的儿童可以通过简单的动作正确描述他们的用餐经历，随着年龄增长，细节会逐渐丰富。情节是儿童用以组织和解释日常生活经验的一种基本手段。情节形成以后，可以用来预测将来可能会发生的事情。置于图书馆情境下，这种记忆机制可以让儿童将图书馆与吸引他们的经历联结起来，形成记忆。举例而言，杭州多名受访儿童提到"图书馆是可以看书和玩的地方"，这意味着在图书馆看书和玩是经常发生、对他们而言熟悉的事件，因而形成了记忆。同时，这个结论还涉及回忆能力，即儿童对此时不在眼前的刺激产生的心理表征。对熟悉情形的回忆说明回忆的内容是对儿童具有意义的事件。因此可以推测，看书和玩是对杭州少年儿童图书馆中的儿童具有意义的行为。通过反复的记忆与回忆，儿童形成了"图书馆中可以看书和玩"的认知，于是，在儿童的认知里，图书馆就成为可以看书，也可以玩的地方。家长记忆的是传统图书馆中仅提供图书资源的经历，因此，产生了家长扭转观念，而受访儿童并不会对图书馆看法有所变化的现象。

延续上文思路，在图书馆中设置特色区域也成为提升读者好感、培养终身读者的方法之一。通过将吸引学龄前儿童的特色区域和实物与图书馆的联结，学龄前儿童形成了"图书馆有 iPad""图书馆有游乐区"等认知。凭借对学龄前儿童的吸引力，这些特色服务就成为图书馆的标识。因此，当想要玩 iPad 或去游乐区玩的时候，儿童就更有可能想要主动去图书馆。

[①] 伯克.伯克毕生发展心理学：从 0 岁到青少年[M].4 版.陈会昌，等译.北京：中国人民大学出版社，2014：171.

[②] 伯克.伯克毕生发展心理学：从 0 岁到青少年[M].4 版.陈会昌，等译.北京：中国人民大学出版社，2014：251.

6.2 纸质书应成为资源主体

无论是对图书馆服务的印象，还是喜欢的图书馆事物，纸质书均是学龄前儿童的首要选择。此外，学龄前儿童使用电子产品的时间也不宜过长。我国最新出台的《综合防控儿童青少年近视实施方案（征求意见稿）》指出，需要 "有意识地控制孩子特别是学龄前儿童使用电子产品，单次不宜超过15分钟，每天累计不宜超过1小时，避免孩子学习和娱乐活动过多使用电子产品"[①]；美国儿科学会同样建议学龄前儿童使用电子产品的时间不要超过每天1小时[②]。因此，无论是依据儿童自身的选择，还是遵循图书馆行业应该遵守的规范要求，纸质书均应该成为图书馆学龄前儿童部分馆藏中的资源主体。

学龄前儿童对纸质书的态度为我们提示了三项图书馆儿童服务的重点：第一，学龄前儿童将书与图书馆牢牢绑定在一起，书是图书馆最基础性的内容，其中，纸质书是学龄前儿童在图书馆中接受度最高的资源形式；第二，图书馆的借阅功能与馆藏书的借阅属性能够被学龄前儿童理解与使用；第三，馆藏书的位置信息对学龄前儿童是有用的。具体而言，可以从以下方面着手：

6.2.1 绘本为主，丰富形式与主题

学龄前儿童的文学载体应以绘本为主。因为这个年龄段的儿童仅有基本的语言与读写能力，绘本可以通过图画作为主要或辅助工具引导他们完成故事叙述。

---

① 中华人民共和国教育部. 关于《综合防控儿童青少年近视实施方案（征求意见稿）》向社会公开征求意见的公告[EB/OL]. [2018-08-10]. http://www.moe.gov.cn/jyb_xwfb/s248/201808/t20180802_344113.html.

② Council on Communications and Media. Media and young minds[EB/OL]. [2017-07-21]. http://pediatrics.aappublications.org/content/early/2016/10/19/peds.2016-2591.

绘本的形式十分丰富，包括纸板书、异形书、玩具互动书（翻翻书、立体书、探索书）等，但大部分国内的图书馆多选择常见的形式，一些图书馆中的非常见形式的绘本就得到了儿童的青睐，如翻翻书、立体书、探索书均被儿童列为喜欢的绘本类型。因此，图书馆可以多加引入各种类型的绘本，丰富馆藏资源。

绘本的主题分为虚构类（故事、传说、歌曲等）与非虚构类（字母、数字、识字、认知信息等）。本书发现学龄前儿童偏好阅读的主题包括：汽车、动物、公主、水果、恐龙、搞笑。因此，图书馆可以加大这些主题馆藏的比重，满足儿童的喜好。此外，可以增加图书馆相关主题的绘本。如有关图书馆主题的绘本包括：①《我带青蛙去了图书馆》（*I Took My Frog to the Library*）讲在图书馆需要遵守的一些规则，《巨龙图书馆员》（*The Library Dragon*）讲图书馆的作用；②《被图书馆员抚养的男孩》（*The Boy Who Was Raised by Librarians*）讲一个在图书馆中长大的小男孩，最后成为图书馆员的改编故事；③《你认识杜威吗？：探索杜威十进分类法》（*Do You Know Dewey?: Exploring the Dewey Decimal*）是有关《杜威十进分类法》的绘本，内容包括为什么要有分类法、杜威其人、杜威法、怎么使用杜威法，非常简单易懂；④《巴士拉的图书管理员：伊拉克的真实故事》（*The Librarian of Basra: A True Story from Iraq*）讲战争时一名图书馆员如何保护了大量珍贵书籍的真实故事；⑤世界上的特殊图书馆，如《我的图书馆员是骆驼》（*My Librarian is a Camel*）等；⑥此外，还有大量为儿童介绍社群里与他们相关职业的书或有关图书馆员内容的系列丛书。在图书馆中阅读有关图书馆的书能够带给儿童对图书馆更深刻的了解，拉近儿童与图书馆的距离，增加对图书馆的亲切感。

6.2.2 强调借阅属性，培养读者意识

两项研究中均有儿童提及借书。感知研究中儿童提及来图书馆借书可以让家长回家给他们读书，也能够清楚地说出借阅规则；偏好研究中儿童喜欢书的原因是可以外借，丰富家里的藏书。

在电子产品覆盖儿童生活的今天，强调纸质书的借阅属性可以为儿童

强化纸质书的概念。同时图书馆通过借阅的图书将服务延伸至家庭，让儿童在家中阅读图书馆的馆藏资源，更深刻地了解图书馆的功能和意义。还书日期的设置可以为儿童树立规则，帮助家长培养儿童的道德规则意识。此外，还书日可以使读者再次前往图书馆，有助于培养长期读者。

图书馆的读者活动中必不可少的形式是讲故事与读绘本，图书馆员可以根据馆藏选择合适的绘本故事组织活动，并在活动中推荐相关的绘本。研究与实践共同证明，讲故事或展示绘本的活动能够增加相关绘本的流通量[①]。

6.2.3 开发符合学龄前儿童认知的检索与排架系统

感知研究中，一些儿童知道藏书分布，会通过书的封面找书或判断是否继续阅读该书，还有一些儿童抱怨找不到书。这些都释放出学龄前儿童也具有信息需求，需要图书馆进行资源导航、开发检索功能，并采取相应的排架措施。

Druin等人开发了国际儿童数字图书馆，该系统的资源导航检索部分除了常规的关键词检索、主题检索外，还包括特别为儿童设计的索引与检索系统，如图书封面颜色、内容长短、真实或虚构类、主角、推荐阅读年龄、形状、给读者的感觉等。此外，研究发现，虽然儿童越来越多地阅读电子书，但他们仍旧喜欢与纸质书的互动。不过与此同时，网络检索功能很受欢迎[②]。对于封面颜色、角色的标引更符合学龄前儿童的认知，如在访谈中，就有儿童提到想找"黄色边边、有蚂蚁和西瓜"的书。

当在图书馆中应用了检索系统，需要有相应的排架系统相匹配。学龄前儿童阅览室常见的问题是读者取还书随意导致的排架困难，被图书馆员总结为"周一闭馆整理一天，周二9点一开门就乱"。对此，一些国外的

① BAKER S L. The display phenomenon: an exploration into factors causing the increased circulation of displayed books[J]. The library quarterly, 1986, 56 (3): 237–257.

② DRUIN A, WEEKS A, MASSEY S, et al. Children's interests and concerns when using the international children's digital library: a four-country case study[C] //ACM/IEEE-CS joint conference on digital libraries, 2007: 167–176.

图书馆采取双重排架的策略，以同时维持检索系统的运转并顺应儿童的特征（见如图6-3）。具体而言，如北卡罗来纳州教堂山公共图书馆中，一套馆藏用于主题排架，如恐龙、家庭、多文化等热门主题，供儿童随意取阅，由于主题清晰，儿童基本能够做到归还原位，仅需少量的排架工作；另一套馆藏放在书架上使用作者姓名索引分类，供检索使用。

图 6-3　两套排架系统

资料来源：作者拍摄。

6.3　鼓励亲子互动与同龄人互动

6.3.1　促进亲子互动

学龄前阶段，家庭关系是对儿童最重要的关系，其中又以亲子关系为重中之重。在两项研究中，亲子关系均在儿童与图书馆之间充当着重要的纽带。在感知研究中，家长与孩子共读绘本，帮助孩子解决难题，有时也会干预孩子的决定，因而，可以得到"家庭生活在图书馆中延续"的结论；在偏好研究中，家长用书讲故事成为一部分学龄前儿童喜欢书的原因。这说明，家长在儿童对图书馆的印象与喜爱中有十分重要的作用。

上述发现提示我们，图书馆儿童服务关于亲子互动方面的重点包含以下方面：首先，亲子共读是学龄前儿童最喜欢的亲子互动形式；其次，既然儿童喜爱与家长进行亲子互动，图书馆可以尝试发掘其他馆内可行的亲子互动形式；最后，家长对孩子的影响极大，图书馆如果希望针对学龄前儿童开展服务，可以以家长为中介。具体的做法可以包括：

6.3.1.1 促进亲子阅读

从三岁起，儿童开始尝试探索语言的力量。他们会发现语言能够对周围产生影响。语言帮助儿童形成对周围世界的理解，也帮助他们形成自己的思想。因此，自主使用语言对于三岁的儿童至关重要[①]。家长能够通过扩展孩子的词汇量来帮助他们增强这种力量感。三岁之后的孩子在说出字、词的基础上开始掌握句子。在这个时期，与言语技能较高的人平等地对话能够极大地促进儿童语言能力的发展。对这个年龄段的儿童而言，被理解的满足感与语言力量的影响增强从内外两个方面为儿童提供了语言学习的动力，而最适合提供这些支持的就是家长。因此互动式的阅读绘本，即父母与儿童讨论故事内容，能够促进语言和读写能力的多方面发展[②]。

图书馆可以从以下方面协助家长实现共读：①资源：图书馆可以发挥馆藏资源的优势，为家长提供高质量的绘本，如适合亲子阅读的《猜猜我有多爱你》《逃家小兔》《我妈妈》《我爸爸》等。②方法：选择不同的共读方式能够带来不同的效果，图书馆员可以为家长介绍除朗读外的其他共读方法与共读技巧，如对话式阅读，并扩展家长的亲子阅读知识、能力与技巧。③场地：图书馆提供丰富的场景与场地供亲子互动，如Chang和Tsai的研究发现花朵形状的桌子使得父母和孩子能够单独工作，而圆桌会有益于亲子互动[③]。因此，图书馆可以据此设置亲子共读区域、独立工作区域，提供多种选择。

笔者在调研中发现，家长给孩子讲述绘本的方式主要是朗读，而很少

---

① BRAZELTON T B，SPARROW J. Touchpoints-three to six[M]. New York：Perseus Books，2002：28.

② PURCELL-GATES V. Relationships between parental literacy skills and functional uses of print and children's ability to learn literacy skills[D]. Cambridge，MA:Harvard University，1994：133.

③ CHANG J H，TSAI P C. A study of user behavior in the parent-child reading area：a case study in Taipei public library[C]//International conference on human-computer interaction，2015：355-360.

采用对话式阅读方法。朗读是一种儿童通过听成人读书，并对书中内容进行讨论来提升语言与理解技能的阅读手段。朗读已经在课堂、图书馆、家庭等儿童阅读场所实践百余年，是一种经典的提升儿童语言文字素养的方法，并在《走向全民读者之国：阅读委员会报告》一书中被形容为"用于获得成功阅读所必需知识的最重要的活动"①。朗读需要不间断地将故事完整演绎给读者，仅在开始与结尾处与儿童提问互动。这种讲述方式可以通过连贯的故事情节、讲述者的技巧使儿童沉浸在故事之中。对话式阅读是Whitehurst与其同事在1988年开发的"家长—儿童"交互式的绘本故事书阅读手段，它通过鼓励家长问询、反馈，使儿童成为讲故事的人，以提升儿童的词汇能力②。在当今的应用中，对话式阅读不限于成人与儿童的一对一阅读，老师、图书馆员均可以扮演引导对话的角色。这种方法在3—9岁、来自普通或低收入家庭、正常或患有听力问题、语言发展迟滞的等多种特征的儿童身上均已被证明具有较好的词汇与表达能力提升效果③，并逐渐在家庭、学校、图书馆等地以"家长/老师/图书馆员对一或多名儿童"的形式得到推广。

---

① ANDERSON R C. Becoming a nation of readers：the report of the commission on reading [EB/OL]. [2016-04-08]. https://files.eric.ed.gov/fulltext/ED253865.pdf.

② WHITEHURST G J, FALCO F L, LONIGAN C J, et al. Accelerating language development through picture book reading[J]. Developmental psychology,1988,24（4）:552-559.

③ DOYLE B G, BRAMWELL W. Promoting emergent literacy and social-emotional learning through dialogic reading[J]. The reading teacher,2006,59（6）:554-564;CHOW B W-Y, MCBRIDE-CHANG C, CHEUNG H, et al. Dialogic reading and morphology training in Chinese children：effects on language and literacy[J]. Developmental psychology,2008,44（1）:233-244;COHEN L E, KRAMER-VIDA L, FRYE N. Implementing dialogic reading with culturally, linguistically diverse preschool children[J]. NHSA dialog,2012,15（1）:135-141;FLORES E P, PIRES L F, SOUZA C B A D. Dialogic reading of a novel for children：effects on text comprehension[J]. Paideía,2014, 24（58）:243-252;FLYNN K S. Developing children's oral language skills through dialogic reading guidelines for implementation[J]. Teaching exceptional children,2011,44（2）: 8-16;WHITEHURST G J. Dialogic reading：an effective way to read to preschoolers[J]. Reading rockets,1992;ARNOLD D H, LONIGAN C J, WHITEHURST G J, et al. Accelerating language development through picture book reading：replication and extension to a videotape training format[J]. Journal of educational psychology,1994,86（2）:235-243.

　　多项研究证明对话式阅读能够有效提升儿童的读写素养与表达能力[①]。对话式阅读操作性较强，易于学习与实践，它包括简称为CROWD的5种提问方式与PEER的对话技术，以下结合《我带青蛙去了图书馆》一书举例解释[②]。CROWN问题包括：①填空式问题（completion prompts）：成人在阅读句子时留下空白，让孩子填充完整，如"I took my frog to the ＿＿＿"，孩子念出"library"，一般可以将希望孩子掌握的单词留白。②回忆性问题（recall prompts）：这些问题是关于书中提到过的情节、细节，如"Bridgett带青蛙去图书馆后发生了什么？"孩子可以回答"青蛙跳到了借阅桌上，吓坏了图书馆员。"③开放式问题：这些问题需要结合插图询问，尤其在包含丰富细节的插图上效果更好，如询问"告诉我这张图片里发生了什么"，儿童可以回答"鹈鹕把字典藏在了大嘴里，大家都找不到字典了"。④"wh-"问题（"wh-" prompts）：这些问题以"什么""哪里""何时""怎么样""为什么"开头，同样可以结合插图询问，如"为什么图书馆员告诉Bridgett下次别再带动物们来图书馆了"。⑤结合实际的问题（distancing prompts）：这种问题需要孩子联想自己的实际

　　① PILLINGER C，WOOD C. Pilot study evaluating the impact of dialogic reading and shared reading at transition to primary school：early literacy skills and parental attitudes[J]. Literacy，2014，48（3）：155-163；DOYLE B G，BRAMWELL W. Promoting emergent literacy and social-emotional learning through dialogic reading[J]. The reading teacher，2006，59（6）：554-564；CHOW B W-Y，MCBRIDE-CHANG C，CHEUNG H，et al. Dialogic reading and morphology training in Chinese children：effects on language and literacy[J]. Developmental psychology，2008，44（1）：233-244；王翩然，徐建华，STURM B W. 阅读方法对儿童表达能力影响的实验研究[J]. 图书馆论坛，2017，37（4）：83-89；GORMLEY S，RUHL K L. Dialogic shared storybook reading：an instructional technique for use with young students in inclusive settings[J]. Reading & writing quarterly，2005，21（3）：307-313；TOWSON J A，GALLAGHER P A. Training head start parents in dialogic reading to improve outcomes for children[J]. International journal of child health and human development，2014，7（3）：287-296；ZEVENBERGEN A A，WHITEHURST G J. Dialogic reading：a shared picture book reading intervention for preschoolers[G] //On reading books to children：parents and teachers. London：Routledge，2003：177-200.
　　② DOYLE B G，BRAMWELL W. Promoting emergent literacy and social-emotional learning through dialogic reading[J]. The reading teacher，2006，59（6）：554-564.

经验回答，衔接起故事与现实，如"你觉得在图书馆里良好的表现包括什么"。需要注意的是，回忆性问题与结合实际的问题相对其他三种更加复杂，适合四五岁及以上儿童。PEER是与孩子问答互动的技术，包括：询问（prompt）孩子与书相关的问题、评价（evaluate）孩子的回答、通过重述或者补充信息来扩展（expand）孩子的回答、重复（repeat）问答来确保孩子通过对话习得了一些内容。

在给孩子讲读绘本时，家长可以依据阅读目标灵活使用朗读或对话式阅读的技巧，如第一次使用朗读的技巧，当儿童熟悉故事时，重复讲述故事并使用对话式阅读的技巧，让儿童既能够享受故事，也能够提升语言能力与读写素养。

6.3.1.2 推广亲子游戏

游戏是学龄前儿童的"工作"[①]。通过游戏，儿童的大运动能力、精细动作能力、社交能力、情感、智力五方面能力能够得到全面的发展。图书馆可以主动提供亲子游戏场所、推广亲子游戏。

笔者在调研中发现，杭州少年儿童图书馆、杭州市临安区图书馆与福建省少年儿童图书馆均提供专门的儿童游戏场所、儿童玩具和游乐设施。这些区域与阅览区隔离开，不会影响看书的读者。笔者观察到，在这些区域，家长多在一旁陪伴儿童，或被动地参与儿童的游戏。这种方式使得大部分家长觉得无聊，不乏很多家长在旁看书或玩手机打发时间。

对此，可以参考美国一些图书馆的做法。美国北卡罗来纳州橘子县公共图书馆开辟了相对独立的空间，为青少年和儿童读者提供桌游、棋类游戏（见图6-4）。在这个空间内，青少年与儿童读者可以和家长、同伴一起玩。借鉴这项服务，我国的公共图书馆也可以引入桌游、棋类游戏，供儿童读者与家长在馆内使用。不仅可以吸引儿童与家长更多地使用图书馆服务、带动相关馆藏资源的流通（如棋类教程书籍），也能够让家长主动参与儿童的游戏，在图书馆中享受亲子时光。此外，对于一些设计上没有考虑动静分区的图书馆，学龄前儿童的吵闹一直是读者投诉的对象。引入

---

① BRAZELTON T B, SPARROW J. Touchpoints-three to six[M]. New York: Perseus Books, 2002:202.

一些安静的游戏，让儿童在家长的引导下更加安静地玩耍也可以减少读者之间的矛盾。

图 6-4 图书馆提供棋类游戏

资料来源：Orange county public library[EB/OL]．[2018-08-12]．https://www.instagram.com/ocplnc/．

此外，当前图书馆的活动均以学龄前儿童作为主体进行组织设计，使得家长参与感低。在调研过程中笔者观察到，很多家长在活动开始后就坐在后方玩手机。因此，活动设计可以将家长囊括进来，使家长不再做被动的协助者，让家长与儿童一起主动完成任务、进行游戏，才能够让他们共同享受图书馆中的乐趣，增强亲子纽带，同时培养更具黏性的读者群。

6.3.1.3 发挥家长的示范作用

家长来图书馆的目的可以拓展儿童对图书馆的理解。如在感知研究中，有的家长前去借书，有的家长参加摄影讲座，均是帮助儿童了解图书馆其他服务的机会。这些功能让儿童像知道在图书馆可以玩 iPad 和游戏设施等一样，内化为儿童成长后对图书馆的理解。

从这一角度来说，公共图书馆比独立建制的少年儿童图书馆更具优势。因为家长可以在带儿童前往图书馆的时候借书、参加讲座，身体力行地示范如何使用图书馆服务。对于独立建制的少儿图书馆，开办家长讲座、多提供家长感兴趣的教育类书籍，也可以吸引到更多的家长读者，让家长和儿童一起享受图书馆的服务。

6.3.2　重视同龄人互动

学龄前儿童正处于开始探索自我与他人的阶段。随着自我意识逐渐增强，交流能力提高，学龄前儿童能较深刻地理解别人的想法和感受，与同伴的交往技能也迅速提高。在两项研究中，"小朋友"是访谈中出现频率较高的词。受访儿童能够关注到其他小朋友、和他们一起玩，或期待与其他小朋友建立友谊。

在学龄前阶段，同伴之间的交往尤为重要，因为同伴为彼此提供了从别的途径学不到的经验。学龄前儿童在交往中开始形成最初的友谊，为他们的情绪和社会性发展提供了重要支持。那些在班里有朋友或者乐意结交新朋友的儿童更容易适应新的幼儿园等新生活[①]。通过友谊，儿童以更能促进学习和社交能力的方式融入学习环境中。

本书的发现与相关理论提示我们，图书馆儿童服务关于同龄人关系方面的重点包含以下方面：首先，学龄前儿童在这一阶段开始关注同伴关系、形成友谊。对此，图书馆应掌握儿童这一发展阶段的特征，营造适合学龄前儿童交友、与同伴互动的场地、氛围。其次，图书馆需要重视同伴关系的影响，通过同伴关系宣传图书馆、吸引更多的学龄前儿童读者。再次，虽然在这一阶段，学龄前儿童十分关注同伴关系，但仍处于探索、尝试建立友情的初始阶段，在促进同伴关系的同时，也要考虑到学龄前儿童不需要同伴关系的情况，保护他们和家人相处或独处的自由。具体可以从以下方面着手：

6.3.2.1　提供同龄人互动环境与机会

公共图书馆为读者提供社会资本，也为儿童提供与同伴交往的机会[②]。

---

① LADD G W，BIRCH S H，BUHS E S. Children's social and scholastic lives in kindergarten：related spheres of influence？[J]. Child development，1999，70（6）：1373-1400.

② RANKIN C. Library services for the early years：policy，practice，and the politics of the age[J]. Library trends，2016，65（1）：5-18.

儿童在3—6岁期间开始关注同伴关系，形成最初的友谊。因此，公共图书馆可以从场地、游戏、活动等方面为同龄人提供互动的环境与机会。

笔者在研究中发现，沙发、异形桌椅、软垫区域均能够吸引较多的儿童一起玩耍和阅读，图书馆可以设置这种区域，令儿童有更多的机会和同伴一起阅读。

适合在图书馆内开展的社交游戏种类丰富，除了上一节中提到的棋类游戏、桌游等，图书馆还可以组织建构游戏、假装游戏。建构游戏指的是用积木搭房子、画画、组合玩具等，这类游戏适合喜欢联合游戏的儿童参加，儿童之间可以各自独立完成，并交换玩具和评论对方来互动。对此，图书馆只需要提供宽敞的可供儿童并排游戏的桌椅即可。假装游戏是更为成熟的认知游戏，游戏需要儿童扮演日常和假想的角色，玩过家家、警察游戏、扮演故事书或电视剧中的人物是常用的玩法。设置有儿童游乐区的图书馆可以提供舞台，让儿童主导参与此类游戏（见图6-5）。笔者在研究中也发现，在提供游乐设施的图书馆中，学龄前儿童更多地进行假装游戏，也更频繁地利用"模拟厨房""模拟房间"等设施进行假装游戏。因此，图书馆在选购儿童玩具、游乐设施时，可以更多地引进此类物品，顺应学龄前儿童的认知特征与喜好。

图6-5 手偶舞台

资料来源：作者拍摄。

活动设计者可以在活动中安排同伴互动环节，通过同伴之间的合作完成游戏。如在音乐游戏中，老师要求儿童两人一组，跟随不同乐器的出现配合做出握手或松手的动作，很受儿童欢迎。此外，在活动中，可以对有助于同伴交际的行为提出鼓励，如在思维导图活动中，老师提供的画笔不够，一位儿童主动把自己的画笔分享给旁边的儿童，得到了老师的表扬。同样在音乐游戏中，一位年龄较大的学龄前儿童一直引导旁边3岁的儿童参加活动，也得到了老师的表扬。

6.3.2.2 借助同伴关系宣传图书馆

即便在友谊形成的初期，朋友之间也会有相互模仿的行为[1]，笔者在研究中即发现多名通过同伴宣传而前往图书馆的学龄前儿童。学龄前儿童会带同伴共同前往图书馆看书、参加活动。在朋友的陪伴下，学龄前儿童也可以迅速熟悉图书馆，培养图书馆的使用习惯。因此，图书馆可以通过举办活动或邀请奖励等方式，鼓励学龄前儿童带同伴前来，借助同伴关系宣传图书馆。

6.3.2.3 尊重学龄前儿童的独立活动需求

一些学龄前儿童抱怨图书馆太吵，不仅反映了他们对公共规则的理解，同时也暗示了他们对相对独立、不受打扰的环境的需求，说明图书馆在鼓励学龄前儿童开展互动的同时，也应该创造学龄前儿童独立活动的条件。

学龄前儿童处于友谊的探索期，随着年龄增长，儿童的联合游戏与互动游戏显著增加。Parten与其后续的研究提出，学龄前儿童的游戏行为按先后出现顺序分为非社交活动（无所事事、旁观行为与单独玩的游戏）、平行游戏（在同伴旁边玩相似的游戏，但不影响他人的行为）、社交类的联合游戏（各自玩，但以交换玩具或评论对方来互动）与社交类的合作游戏（指向共同目标的社交游戏）的形式[2]。这些游戏以先后顺序出现，但后者不取代前者，共同贯穿学龄前阶段。研究表明，非社交游戏是3—4岁

---

① BRAZELTON T B, SPARROW J. Touchpoints-three to six[M]. New York：Perseus Books，2002：288.

② 伯克. 伯克毕生发展心理学：从0岁到青少年[M]. 4版. 陈会昌，等译. 北京：中国人民大学出版社，2014：276.

儿童最常玩的游戏形式，占据了儿童1/3的自由游戏时间。此外，儿童在3岁到6岁阶段单独游戏和平行游戏的发展相当稳定，与儿童合作游戏的时间一样多[①]。

上述研究证实了学龄前儿童并非总是与同伴共同行动。因此，图书馆在保证学龄前儿童与同伴互动的同时，应考虑到他们对相对独立、不受打扰的环境的需求，为学龄前儿童读者提供多种选择。

6.4 帮助学龄前儿童树立规则意识

本书揭示了学龄前儿童在公共图书馆中既能够遵守公共道德规则，也能够配合图书馆的规则。

学龄前儿童正处于道德意识发展的阶段。道德观与规则感的建立是贯穿整个学龄前阶段的重要任务[②]。儿童最初的道德受到成人的外部控制，之后逐渐受内在标准的调节[③]。因此，虽有各种流派的道德发展理论，但均承认在学龄前阶段，儿童的道德规则发展需要成人的示范或引导。

培养有道德感与规则感的孩子不仅是家长的任务，学校教师、具有教育职责的机构均应承担一份责任，因为在具有一致性要求的环境下，引导与教育才能够显出其有效性[④]。图书馆作为社会教育机构，需要创造条件来促使儿童获得最佳的成长[⑤]。因此，图书馆也需要帮助儿童树立道德规

---

① 伯克.伯克毕生发展心理学:从0岁到青少年[M].4版.陈会昌,等译.北京:中国人民大学出版社,2014:277.

② 伯克.伯克毕生发展心理学:从0岁到青少年[M].4版.陈会昌,等译.北京:中国人民大学出版社,2014:279-287;BRAZELTON T B, SPARROW J. Touchpoints-three to six[M]. New York:Perseus Books,2002:36-48,139-155,211-220,280-287.

③ 伯克.伯克毕生发展心理学:从0岁到青少年[M].4版.陈会昌,等译.北京:中国人民大学出版社,2014:280.

④ 伯克.伯克毕生发展心理学:从0岁到青少年[M].4版.陈会昌,等译.北京:中国人民大学出版社,2014:282.

⑤ IFLA. The background text to the guidelines for children's libraries services[EB/OL]. [2018-04-10]. https://www.ifla.org/files/assets/libraries-for-children-and-ya/publications/guidelines-for-childrens-libraries-services_background-en.pdf.

则意识。

　　学龄前儿童对规则的认知为我们提示了以下服务重点：首先，学龄前阶段是儿童习得道德规则的重要阶段，图书馆需要帮助家长完成学龄前儿童的道德与规则感培养；其次，学龄前儿童能够理解并主动遵守规则，图书馆可以将希望学龄前儿童遵守的规则与要求直接传达给他们。

　　对此，结合相关的研究与教育策略①，建议的做法包括：

6.4.1　制定清晰一致的图书馆规则与奖励措施

　　首先，规则需要清晰有理。对于学龄前儿童而言，在墙面画框中使用小字体与繁杂的读者守则形同虚设。简单、易于理解且放置在醒目位置的规则更有效果。在两项研究中，均有儿童指向放在桌子上、书架上的提示板，并明确地说出上面的要求，也有不知道上面是何内容的儿童表示出对这类提示板的兴趣。故而，当需要儿童遵守图书馆中的规则（如不要追跑打闹、按期还书）时，可以将要求使用图形等易于儿童理解的方式简单、明确地表达出来，标注在醒目的位置（如桌子上、书架上、门口）等，以便儿童识别。

　　其次，对违反规则的儿童进行充满爱心的教导。在儿童犯错的时候，成人需要通过教育、训导使其意识到错误。如果使用严厉斥责的方式，会使得儿童失去安全感，直接导致逃避。当日后有同样的情况发生时，儿童只会逃避可能斥责他们的成人，而非改善行为②。因此，需要使用充满关切与爱意的方式引导其认识到违反规则的行为与错误（这部分将与后文的"向儿童解释图书馆中的规则"部分一同举例说明）。

　　同时，对遵守规则与没有不良行为的儿童及时表扬。对于按照规则执行的儿童，图书馆员需要给予表扬，对良好的行为进行强化能够增加这种

---

① 伯克. 伯克毕生发展心理学：从0岁到青少年[M]. 4版. 陈会昌, 等译. 北京：中国人民大学出版社, 2014：282；梅迪纳. 让孩子的大脑自由[M]. 王佳艺, 译. 杭州：浙江人民出版社, 2012：186-200.

② 梅迪纳. 让孩子的大脑自由[M]. 王佳艺, 译. 杭州：浙江人民出版社, 2012：188.

行为发生的概率。比如，在活动中，对于遵守老师要求，如没有擅自离座行为的儿童需要给予肯定与鼓励，这样可以巩固活动期间不要擅自离座的意识，使得活动更加有序。此外，对于没有不良行为的表扬也同等重要。如在活动中，虽然有些儿童没有积极地回答问题或上台展示，但能够跟随老师完成活动，同样应该得到表扬。

6.4.2 向儿童解释图书馆中的规则

训导虽然能够抑制不良行为，但无法将其根除错误的行为范本。因此，图书馆员在对儿童进行训导时，需要继续对规则进行解释，才能使训导更有效与持久，最终让儿童的道德感内化。研究表明，当对儿童解释某项规则时，听从劝告的比例会大幅度上升[①]。如儿童在图书馆内追跑打闹，图书馆员可以在制止后向儿童解释这样做会导致的问题，包括自身安全与影响他人等。有了这样的经历，儿童再下一次准备追跑打闹时会唤起此次体验。这样的唤起会使得儿童将图书馆员的解释内化，形成内部归因，产生"我会使自己和同伴受伤""我会影响其他小朋友"的念头。在此之后，想要避免这种不适的儿童会将自己总结的经验教训用在类似的情况下，避免了此后的不良行为。如果仅仅是制止与训导，却不说明原因，儿童往往会对感知到的情况进行外部归因，即"我再追跑打闹的话图书馆员就会来批评我"，则在之后会观察周围是否仍有图书馆员。这使得引导他们行为的是图书馆员，而非自己内心意识到的公共场所不要影响他人这一道德准则。那么，即便儿童能够做到在图书馆内不再追跑打闹，仍没有改变内心的错误行为范本。

借助活动机会，图书馆也可以用易于学龄前儿童接受的形式传递遵守道德规则的意识。图6-6是北卡罗来纳州橘子县公共图书馆为儿童举办的手偶故事会活动海报，活动选择经典的绘本故事《注意你的举止，大坏狼》，向4岁及以上儿童传达应该遵循的道德规则，很受当地儿童欢迎。

---

① 伯克.伯克毕生发展心理学：从0岁到青少年[M].4版.陈会昌,等译.北京：中国人民大学出版社,2014：282.

图 6-6　美国北卡罗来纳州橘子县公共图书馆《注意你的举止，大坏狼》手偶秀海报

资料来源：Orange County Library，NC.Event name：mind your manners B. B. wolf puppet show [EB/OL]．[2018-08-12]. http://www.orangecountync.gov/calendar_app/calendar_event_detail.html?eventId=3492&date=8/20/2018&show=no.

6.5　平衡活动难度与学龄前儿童能力

在感知研究中，由于访谈情境主要为图书馆的日常服务场景，仅有少量学龄前儿童提及图书馆活动，包括参加了图书馆的各类活动、在活动中认识了朋友等。笔者在偏好研究中设计了活动，主要考察学龄前儿童在活动中偏爱的元素与原因，结果发现每个子活动中均包含具有普遍性的吸引学龄前儿童的元素。讲故事活动中，故事的角色与情节受到受访者的欢迎；唱歌活动中，歌曲好听十分重要，令受访者们感到悦耳，此外，很多受访者本身喜欢唱歌也使得唱歌活动备受欢迎；手指操活动中，能够让受访者们学会并且感到容易学会是手指操受欢迎的因素。

学龄前儿童对图书馆活动的看法与态度为我们提示了以下服务重点：首先，新奇感是吸引读者参加活动并保持兴趣的主要动力。为营造新鲜感，活动组织者需要充分了解学龄前儿童群体、调查他们感兴趣的内容。其次，活动中游戏、任务难度的设置需要符合学龄前儿童的能力。适当的难度能够激发儿童的挑战心，但过高的难度会引发他们的沮丧感。再次，无论是由图书馆员自行组织活动还是聘请老师，均需要注意活动中组织者的质量。老师需要具备一定的专业知识、了解学龄前儿童的身心状态并且能够利用语言与肢体动作将活动主题演绎得更具吸引力。最后，虽然笔者设计的活动没有安排同龄人互动的内容，但结合感知研究与对其他活动中学龄前儿童的观察，本书认为，活动中可以增设同龄人互动的内容，以提升学龄前儿童的活动体验。

在"学龄前儿童对图书馆服务的偏好"研究中，一些儿童表示不喜欢活动是因为活动对他们而言太过困难。因此，需要控制活动的难度，使其与参与者的能力水平相匹配。有关任务难度与技能水平的心流理论能够为图书馆的活动设计提供指导。

6.5.1 心流理论

Csikszentmihalyi 的心流理论（flow theory）能够解释任务难度与快乐体验的关系。心流，指的是当人们沉浸在当下着手的某件事情或某个目标中时，全神贯注、全情投入并享受其中而体验到的一种精神状态。在心流体验中，人们做事情仅仅因为享受当前的状态，喜欢克服挑战的过程，而与事情本身的目的、带来的利益无关[①]。人们处于心流状态下会感到时间过得飞快，因为毫不费力地就将注意力保持在了当前的活动中。

无论是在游戏还是工作中得到的心流体验都具有一致性。在心流体验中的人们能够毫不费力地集中注意力、感到享受和满足。他们想做他们正在做的事情，并认为所从事的活动对他们的未来目标很重要。通过心流体验，人们的自尊心得到增强，感觉自己能够控制自己的处境。处于心流体验中的人们会感到快乐、强壮、积极、活跃、有创造力、自由、兴奋、开放和思维清晰。

心流体验包含以下 6 个特征：①强烈且高度集中地关注当前一刻；②行动和意识相互融合；③自我意识丧失；④对当前情境和活动具有个人控制感和主导感；⑤时间感扭曲，一般会感到时间过得飞快；⑥行动本

---

① SCHAFFER O. Crafting fun user experiences：a method to facilitate flow[EB/OL]. [2018-04-20]. http://web.cs.wpi.edu/~gogo/courses/imgd5100/papers/FlowQuestionnaire.pdf.

身就具有内在的驱动力，即从事活动的理由在于活动本身带给人的愉悦体验，而事情的最终目标只是这个过程的一个借口①。

进入心流状态的条件包括：①高度感知到的挑战；②高度感知到的技能；③知道要做什么；④知道怎么去做；⑤知道正在做得有多么好；⑥知道做下去的方向；⑦不受干扰②。比起整体目标，一个个拆解开的目标更容易使人们进入心流状态。以攀岩为例，运动员知道下一块落脚石头的位置比以山顶为目标更容易产生心流体验。

当心流的条件达成时，人们得以参与进一系列的挑战任务中，这些任务既不会太过困难，也不会太过容易。接下来的每一步做什么、怎么做、去哪里都显而易见，人们能够得到即时的反馈以了解他们做得怎么样来调整表现。通过这种方式，心流条件创建了一个心流循环，一个在动作和反馈之间畅通无阻的循环，心流循环允许人们在执行过程中进行连续和轻松的调整。心流循环使一项活动值得为它本身而做。

用户可以毫不费力地从一个任务切换到另一个任务，不断调整他们的表现以应对所面临的挑战。行动和意识融合在一起，所有的注意力都被活动所占据，因此没有剩余的注意力来体验无聊、焦虑、自我意识、反思过去或未来，甚至不会注意到身体不适，这就是心流体验。

创建心流循环意味着创建允许用户进行输入或控制的环境。这需要创造既不太容易也不太困难的挑战，同时给予即时反馈，让用户在应对这些挑战时不断调整自己的表现。

心流模型揭示了技能水平、挑战难度和心流状态的关系（见图 6-7）。右侧 4 个域（觉醒、心流、控制、放松）是积极的心理状态，左侧的 4 个域（无聊、漠然、担忧、焦虑）是消极的心理状态。对于用户将要面对的每一个任务或场景，确定其预期的体验是什么，对活动设计十分重要。

---

① CSIKSZENTMIHALYI M，ABUHAMDEH S，NAKAMURA J. Flow[G]// Handbook of competence and motivation. New York，US：The Guilford Press，2005：598-698.

② CSIKSZENTMIHALYI M，NAKAMURA J. Effortless attention in everyday life：a systematic phenomenology[G]//Effortless attention. Cambridge，MA：MIT Press，2010：179-190.

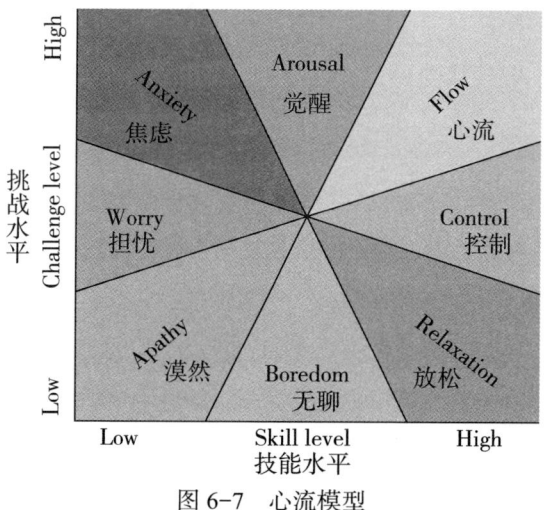

图 6-7 心流模型

资料来源：Wikipedia. Flow（psychology）[EB/OL].［2018-04-20］. https://en.wikipedia.org/w/index. php?title=Flow_（psychology）&oldid=836178438.

心流包括紧张、毫不费力的注意力集中、内在的动力和积极的情绪等。当想要用户积极参与需要他们全部注意力的挑战时，那么营造心流状态是最佳选择。这意味着设计活动的目标是让用户体验高感知的挑战和高感知的技能。

6.5.2 基于心流理论的活动设计

将心流理论应用到图书馆活动场景中，可以理解为相较于学龄前儿童读者的能力水平，过高与过低的活动难度均不利于他们产生良好的体验。因此，活动的组织者需要对参与者的能力水平有清楚的认识，能够设计与其能力相匹配的任务或游戏，让儿童掌握清晰的阶段性目标，能够积极地实时反馈并且有一段时间可以专注于眼前的活动不受干扰。这样，才能使得活动更好地吸引学龄前儿童读者，并激发他们的快乐体验。

举例而言，手工课是图书馆十分适用心流理论的活动。如笔者观察的3—6岁儿童思维导图手工课程，老师先讲解思维导图中过程图的原理，之后用鸡蛋—小鸡—鸡—鸡蛋的形式示范过程图的应用。随后，老师发放贴纸、胶棒、剪刀给儿童，要求儿童和家长一同制作过程图。在这一过程中，儿童的任务清晰——将贴纸中的动物与它们的蛋依照生长顺序贴在纸上完成过程图；儿童感受到的难度适宜——需要依据经验判断动物的蛋、幼体、成体的生长过程，剪下来并依次排列粘贴；儿童感知到的技能水平适宜——剪切、排序、粘贴。家长被要求不去打扰孩子，除非被寻求帮助。因此，在此过程中儿童们均全神贯注于当前的手工任务。

6.6　本章小结

学龄前儿童关注的图书馆中的以下内容可以作为今后图书馆服务的重点：实体空间、纸质书、馆内的亲子关系、馆内的同龄人关系、规则、图书馆活动。

在此基础上，本书结合研究成果、学龄前儿童的发展相关理论、国内外图书馆的做法与经验，提出基于学龄前儿童视角的图书馆儿童服务建议。第一，着重建设实体空间。具体的做法包括：重视实体空间与物品，用图书馆特色加深儿童记忆。第二，将纸质书作为馆藏资源主体。具体的做法包括：以绘本为主，同时注意丰富绘本的形式与内容；需要强调纸质书的借阅属性，培养学龄前儿童的读者意识；开发符合学龄前儿童认知的检索功能，采取双重排架系统。第三，鼓励亲子互动。具体的做法包括：促进亲子阅读；推广对话式阅读方式共读绘本；推广亲子游戏；发挥家长的示范作用。第四，重视同龄人互动。具体的做法包括：提供同龄人互动环境与机会；借助同伴关系宣传图书馆；尊重学龄前儿童的独立活动需求。第五，帮助树立道德规则意识。具体的做法包括：制定清晰一致的图书馆规则与奖励措施；向儿童解释图书馆中的规则。第六，引入心流理论，根据学龄前儿童的能力调整活动难度。

7　总结与展望

7.1　研究结论与贡献

7.1.1　研究结论

7.1.1.1　学龄前儿童对图书馆儿童服务的感知

本书使用专为学龄前儿童开发的马赛克方法框架调查学龄前儿童对图书馆服务的感知。通过对学龄前儿童的观察、访谈、分析摄影与绘画作品，本书还原了他们眼中的儿童图书馆，发现其具有如下特征：①儿童图书馆是实体。学龄前儿童眼中的图书馆是包含实物的真实空间。②儿童图书馆是初级的第三空间。这一结论来源于以下三点：儿童图书馆是公共空间，儿童图书馆不同于家庭与学校，儿童图书馆具有的社交功能、轻松氛围、活动机会符合第三空间的特征。③儿童图书馆是家庭和社会的重叠。儿童在图书馆中享受家庭生活，他们既在图书馆中与家长进行亲子互动、享受亲子时光，又处于家长的引导、干预之下，因此，孩子在图书馆中的身份是"家长的孩子"。同时，儿童在图书馆中也开始了社会生活，他们不仅通过图书馆开始结识朋友、巩固友情，也加深了对社会规则的认识、提升了自主性、扩展了自我认知，即儿童在图书馆中具有"社会人"的身份。④儿童图书馆是看书的地方，但不只可以看书。书与有关书的设施作为学龄前儿童对图书馆最直观与深刻的印象出现。与此同时，儿童也注意到图书馆的非书物品与图书馆的其他功能。⑤儿童能够在其中培养对自身读者身份的认同。这包括表现出读者行为、认同图书馆的规则、意识到图书馆员及其工作、培养初级信息检索能力、意识到亲友同样是图书馆的读者、萌发用户意识。这些内容不仅表明学龄前儿童眼中的儿童图书馆具有的特征，也暗示我们低幼龄读者已经开始形成对图书馆的认识与理解。

7.1.1.2 学龄前儿童对图书馆日常服务与活动的偏好

通过阶梯法，笔者对学龄前儿童有关图书馆服务偏好进行调查。首先检验了阶梯法对学龄前儿童群体与图书馆服务偏好情境下的适用性，结果发现所有参加研究的学龄前儿童均可以指出他们喜欢的服务或活动内容并根据不断的追问构建阶梯，证明阶梯法可以应用于对学龄前儿童图书馆日常服务与活动的偏好调查。随后，依据学龄前儿童图书馆服务具有"服务活动化"的特点，将图书馆服务细分为图书馆日常服务与图书馆活动两个部分，分别进行偏好与动机调查。

对于日常服务部分，采用阶梯法访谈技巧获得儿童被试的回答，经质性分析与定量统计得到书、同龄人、游乐区、软垫子、椅子是吸引学龄前儿童的图书馆日常服务内容。这些偏好揭示了他们对图书馆日常服务属性与结果层次上的需求。对于书的偏好来自对书本身特性的喜欢和对图书馆的书能带来的功能的追求。对同龄人的喜欢揭示了他们心理社会性的需求，即和朋友一起玩。游乐区、软垫、椅子均是图书馆的特色，成为吸引儿童被试的图书馆服务内容。此外，学龄前儿童对这些实体区域与实体物品的关注也暗示了图书馆如能着力进行图书馆的实体空间设计并选择贴近学龄前儿童发展阶段特征与喜好的物品更能获得好感。在所有受访者喜欢的图书馆服务内容之中，书的主题对他们的吸引力最大，"书—主题—涉及喜欢的事物"这一关联强度最高，表明因为主题和涉及喜欢的事物而喜欢图书馆的书的人数较多，具有较高的普遍性。

对于活动部分，为了便于研究，笔者组织了相同内容的6场活动，通过收集学龄前儿童对活动的偏好及其动机研究发现，绘本、唱歌、手指操均受到被试儿童的欢迎，每个活动均包含具有普遍性的吸引学龄前儿童的特征。讲故事活动中，故事的角色与情节受到受访者的欢迎；唱歌活动中，歌曲好听十分重要，令受访者们感到悦耳，此外，很多受访者本身喜欢唱歌也使得唱歌活动备受欢迎；手指操活动中，能够让受访者们学会并且感到容易学会，是手指操受欢迎的原因。

7.1.1.3 学龄前儿童对图书馆儿童服务的整体认知

综合了学龄前儿童对图书馆儿童服务的感知与偏好的研究成果，本书从中提取出学龄前儿童对图书馆儿童服务的整体认知，经研究发现，学龄前儿童有关儿童图书馆的共性认知包含书、实体空间、规则、人四部分。对于公共图书馆，研究者与政策制定者经常将其视为信息服务机构，强调图书馆的服务与提供信息的功能。在这类话语中，图书馆的实体空间往往不如其提供的服务重要，馆藏资源的目的是提供信息。但与此相反，对于学龄前儿童读者而言，图书馆的实体空间比服务重要，且他们尚没有意识到图书馆提供的资源是信息。

除共性认知外，各个图书馆的特色设置丰富了学龄前儿童的图书馆认知体系。各种认知相互联结形成的内容丰富的认知网络会使得学龄前儿童对图书馆的认知结构更加稳定。因此，应着重建设图书馆的特色，丰富学龄前儿童对图书馆的体验与认识，有助于帮助他们在成长过程中顺利同化图书馆自身的信息服务机构定位与不断创新的举措与理念。

在这些认识的基础上，本书对学龄前儿童视角下的儿童图书馆与成人专家定位的异同进行了对比，发现了二者在书、实体空间、人方面的认识较为一致，但学龄前儿童能够感知到图书馆中的规则，这一点没有被专家提及。

这些发现提示我们，学龄前儿童视角中的公共图书馆与当前图书馆界描绘的公共图书馆形象并不完全重合，也与当下诸多儿童图书馆的发展趋势有所背离。因此，当前的公共图书馆儿童服务需要做出相应调整。

7.1.1.4 基于学龄前儿童视角的图书馆儿童服务建议

基于本书的研究成果、学龄前儿童的发展相关理论、国内外图书馆的做法与经验，本书提出了基于学龄前儿童视角的图书馆儿童服务建议，包括：第一，着重建设实体空间。具体的做法包括：重视实体空间与物品，用图书馆特色加深儿童记忆。第二，将纸质书作为馆藏资源主体。具体的做法包括：以绘本为主，同时注意丰富绘本的形式与内容；需要强调纸质书的借阅属性，培养学龄前儿童的读者意识；开发符合学龄前儿童认知的检索功能，采取双重排架系统。第三，鼓励亲子互动。具体的做法包括：促进亲子阅读；推广对话式阅读方式共读绘本；推广亲子游戏；发挥家长的示范作用；第四，重视同龄互动。具体的做法包括：提供同龄人互动环境与机会；借助同伴关系宣传图书馆；尊重学龄前儿童的独立活动需求。第五，帮助树立道德规则意识。具体的做法包括：制定清晰一致的图书馆规则与奖励措施；向儿童解释图书馆中的规则。第六，引入心流理论，根据学龄前儿童的能力调整活动难度。

7.1.2　研究贡献

7.1.2.1　构建图书馆学术界与实践界中以儿童视角为核心的话语体系

在以往的儿童研究与活动中，儿童始终是作为成人和社会的附属品出现的，儿童是为了成为成人而存在的一个阶段，并不是作为完整的、独立的、有能力的个体而出现的，研究者在研究儿童时，并没有倾听他们的欲望和准备，只是以成人自有的眼光去审视儿童及儿童社会。相对应的，无论从学术研究、专业教育还是实践活动来看，当服务群体为儿童时，当前的图书馆界都显示出缺乏以儿童视角为核心的意识。当前的图书馆实践界与学术界对于学龄前儿童读者的态度均渗透出传统的以成人视角为核心的儿童话语，即"有缺陷的儿童"。图书馆排斥儿童"非成人化"的若干行为与能力水平，认为这些行为与能力"需要准备好被改造"或因此而进行回避。

对此，本书提出站在儿童的视角审视图书馆及其服务，并选择适合学龄前儿童特征的方法论开展研究。整项研究从研究目标、研究对象、研究群体、研究方法、研究结果、研究贡献均围绕儿童视角展开，切实以本项研究构建出图书馆学术界与实践界中以儿童视角为核心的话语体系。

但需要强调的是，本书强调儿童视角不是为了颠覆成人所拥有的相关专业知识，而是声明当回答儿童经历、体验等问题时，儿童才是最有权力发言的群体。

7.1.2.2　搭建儿童视角的研究方法论框架

本书采用马赛克法和阶梯法作为两种主要的研究方法。这些研究方法与本书的以儿童视角为中心具有立场上的一致性，将儿童视为"完整个体而非待完善个体"（beings not becomings），是重要的社会成员，并认为只有儿童才是他们自己生命中的专家，儿童拥有与他们相关事物最高的话语权。马赛克方法运用多种方法结合的框架来帮助幼龄儿童收集有关他们日常生活的重要细节；阶梯法运用易于被儿童理解的方式来揭示儿童对事物的偏好及其深层次动机。两种方法均对儿童十分友好、方便儿童参与，同时可以将研究结果相互验证，组成了儿童视角研究的方法论框架。

7.1.2.3 揭示学龄前儿童的图书馆整体认知

本书尝试还原学龄前儿童的公共图书馆整体认知。探索学龄前儿童对于图书馆整体认知的意义在于了解学龄前儿童当下认知中的对图书馆的认识与这些认识的组织结构，有助于帮助我们反思为学龄前儿童提供的图书馆资源与服务是否被他们感知到，以及学龄前儿童对图书馆的认知是否与我们对图书馆的定位一致。此外，当前的认知是学龄前儿童继续认识图书馆的基础，只有凭借当前的内部结构，我们才能知道今后需要通过什么样的外界刺激帮助学龄前儿童继续认识图书馆。举例而言，如果我们希望学龄前儿童长大后能够很好地接收到图书馆界对于图书馆的定位，如"信息的查询与获取"，那么就需要了解他们接受这一定位的认知基础，再思考通过怎样的引导才能使他们发展出相关的认识。

本书发现学龄前儿童对图书馆的理解包含书、实体空间、规则、人4个共性认知与图书馆不同特色所产生的特色认知。这些认知与当前图书馆界描绘的公共图书馆形象与定位并不完全重合，也与当下诸多儿童图书馆发展趋势有所背离。因此，当前的公共图书馆儿童服务需要做出相应调整。

7.2 研究局限与展望

7.2.1 研究局限

7.2.1.1 无法在学龄前儿童注意力时间内施用更多方法

本书采用马赛克法收集学龄前儿童对图书馆儿童服务的感知。马赛克法是一个方法的集合框架，包括对儿童观察、对儿童访谈、拍照与图书制作、旅行与地图制作、魔毯、对成人访谈等方法，其他的如绘画、角色扮演、日记等适合于学龄前儿童的研究方法也可以纳入这一框架体系。

考虑到同时施用所有马赛克法下属方法时间过长，可能会造成儿童的腻烦情绪，笔者在研究中仅选择了摄影法、访谈法、绘画法三种方法探索学龄前儿童对图书馆的主观认知。考虑到一些参与研究的儿童是第一次使用图书馆，笔者选择了这三种无须儿童对环境十分熟悉的方法探索儿童对图书馆的认识。然而，对于一些经常来图书馆的儿童，采用旅行法与相册制作方法可能会激活儿童关于图书馆的记忆与体验，获得一些新的研究发现。这既是本书的方法局限，也是马赛克法的局限所在，由于学龄前儿童注意力时间短，无法在一次研究中施用马赛克法框架下的所有方法，可能导致调查不够全面。未来的研究将要对此进行补充，尝试用更多的方法还原学龄前儿童对图书馆的认识。

7.2.1.2　活动设置缺乏同龄人互动

在学龄前儿童对图书馆服务的偏好研究中，笔者自行设计活动、组织活动，再对参加活动的学龄前儿童实施阶梯法访谈，获得了学龄前儿童对图书馆活动的偏好。其中，活动的设计参考了国内外图书馆中常见的为学龄前儿童开展的活动形式与元素。在形式方面，采用绘本、唱歌、手指操三种常用的学龄前儿童活动形式；在主要的活动元素方面，为了吸引读者，笔者选择了英语童谣主题，在环节上加入活动前破冰、亲子互动、节目表演等元素。

笔者在对以往的活动总结中并没有发现对同龄人活动的强调，因此，本书中的活动设计也没有安排同龄人互动环节。然而在其他的并行研究（即学龄前儿童对图书馆的感知研究、学龄前儿童对图书馆日常服务的偏好研究）中均发现学龄前儿童对同龄人的关注。是否在活动中安排同龄人互动环节能够揭示更多令学龄前儿童喜爱活动的属性？这还需要在未来的研究中进一步探索。

7.2.1.3　学龄前儿童依赖情境

本书与相关研究[①]均发现，学龄前儿童在回答对事物的看法时依赖所

---

①　CLARK A，MOSS P. Listening to young children：the Mosaic approach[M]. 2nd ed. London：National Children's Bureau，2011：64-70；ZAMAN B. Introducing contextual laddering to evaluate the likeability of games with children[J]. Cognition，technology & work，2008，10（2）：107-117.

处情境。举例而言，即便之前参加过图书馆的活动，学龄前儿童也很少在回答中提及图书馆的活动，往往经过父母的提示才会说出参加活动的经历。再举一例，杭州少年儿童图书馆与福建省少年儿童图书馆均设置有游乐区域（内含玩具与大型游乐设施），区别在于杭州少年儿童图书馆的玩具天地在低幼阅览区内部，而福建省少年儿童图书馆的游乐区域在低幼阅览室外的其他屋内，相对独立。在研究中，笔者发现杭州少年儿童图书馆的受访者更多地拍摄游乐区域的照片，谈及图书馆中可以玩玩具、玩大型游乐设施，而福建省少年儿童图书馆的受访者则很少谈及这些内容。由此可见，学龄前儿童在接受研究时，对所处的情境依赖较大。马赛克法设置了摄影法、旅行法等要求儿童在所评价场所内活动的方法也是直接利用学龄前儿童的这一特点。

对所处情境的依赖这一特点对学龄前儿童的研究造成了普适性与推广性差的局限。因为儿童受制于所处的情境，只能根据受访当时、当地的情境做出回答，使得研究结果具体、具有很好的针对性，但难以推广到其他情境中。因此，想要全面描绘学龄前儿童视角中的图书馆，需要持续、全面地调研，而本书受限于时间、人员，难以实现。未来的研究可以尝试走访更多的图书馆、采集更多时间点中学龄前儿童的看法，完善学龄前儿童视角下的图书馆图景。

7.2.2　研究展望

在研究过程中，笔者发现诸多有待解决的问题，如研究中合适方法的选择与施用，如何根据学龄前儿童群体发展阶段与特点更好地收集资料；实践中针对低龄儿童开展的服务、活动较少，学龄前儿童对图书馆的使用缺乏专业引导，无法找到他们想找的书，只能盲目探索等。对这些问题的探索与解答，就是笔者在本书基础上对未来研究的展望。

当前图书馆面向学龄前儿童的服务仍是以成人话语为中心，缺乏对学龄前儿童的身心发展特征的了解，同时也很少以学龄前儿童的视角审视图书馆及其服务，导致图书馆学术界与实践界中不乏为人诟病的问题。对此，笔者希望以这项研究为起始，尝试倾听学龄前儿童的声音，站在他们的视角审视自身，为真正做到尊重我们的儿童读者做出努力。

如本书最初所言，回答"学龄前儿童视角中的图书馆是什么样的"这一问题，仅仅是所有关乎学龄前儿童图书馆服务问题的第一步，也只能使得"倾听儿童的声音""以儿童为中心"等主张通过实证证据在儿童图书馆领域之中点亮星火。但是，尝试回答这个问题关系到学龄前儿童这一图书馆儿童服务的直接利益群体能否充分表达他们对图书馆及其服务的看法和体验，能够使学龄前儿童对图书馆服务提升提供直接反馈成为可能。希望本书能够唤起图书馆界尊重儿童话语权的意识，通过以儿童为中心的服务共同维护儿童对图书馆使用的良好体验，使每个孩子熟悉和乐于使用当地的图书馆，并成为图书馆的终身用户。

参考文献

一、中文文献

[1] 3—6岁儿童学习与发展指南[EB/OL]. [2016-12-17]. http://www.edu.cn/xue_qian_779/20121016/t20121016_856526. shtml.

[2]伯克.伯克毕生发展心理学：从0岁到青少年[M]. 4版.陈会昌，等译.北京：中国人民大学出版社，2014.

[3]伯克，格罗夫纳.我喜欢的学校：通过孩子们的心声反思当今教育[M].祝莉丽，张娜，译.北京：中国轻工业出版社，2006.

[4]陈传荣.儿童视角下的幼儿园景观设计——以江苏宿迁市蓝天苑幼儿园为例[J].中国园艺文摘，2016，32（9）：135-136，189.

[5]程晓燕.成人世界和儿童世界中"鬼"的观念和印象[D].烟台：鲁东大学，2014.

[6]杜小凤.儿童视角的幼儿园教育质量评价研究[D].成都：四川师范大学，2015.

[7]范并思.图书馆服务中儿童权利原则研究[J].中国图书馆学报，2012，38（6）：38-46.

[8]范并思.拓展图书馆未成年人阅读服务[J].图书与情报，2013（2）：2-5.

[9]方浩，郭伶俐，周法栋，等.虚拟世界中的偏好：学前儿童视角下APP卡通形象审美[J].艺术百家，2017，33（4）：54-60.

[10]方诗雅，范并思.图书馆未成年人服务理念的新发展——《国际图联0—18岁儿童图书馆服务指南》的启示[J].图书馆论坛，2019，39（9）：93-99.

[11]巩媛媛.山西省图书馆学龄前儿童阅读推广活动调查研究[D].保定：河北大学，2016.

[12]胡洁，张进辅.基于消费者价值观的手段目标链模型[J].心理科学进展，2008，16（3）：504-512.

[13]黄力.我心目中的学校——儿童视角的教育研究[M].北京：光明日报出版社，2011.

[14]教育部.教育部关于规范幼儿园保育教育工作防止和纠正"小学化"现象的通知[EB/OL].[2016-12-07].http://www.moe.edu.cn/publicfiles/business/htmlfiles/moe/s5972/201201/129266.html.

[15]柯青，王秀峰，孙建军.以用户为中心的研究范式——理论起源[J].情报资料工作，2008（4）：51-55.

[16]刘方方.少年儿童图书馆读者满意度调查设计及实践研究[J].图书馆论坛，2015，35（7）：61-67.

[17]刘梦璇.少儿图书馆用户教育读者满意度调查研究——以广州少年儿童图书馆为例[J].四川图书馆学报，2015（6）：58-60.

[18]刘树娜.我国儿童话语权问题初探[D].南京：南京师范大学，2015.

[19]刘兹恒，武娇.公共图书馆未成年人服务的指导文件——学习《中国儿童发展纲要（2011—2020年）》[J].图书与情报，2012（1）：1-3，66.

[20]梅迪纳.让孩子的大脑自由[M].王佳艺，译.杭州：浙江人民出版社，2012.

[21]莫迪.儿童视角研究：儿童研究的新转向[D].上海：华东师范大学，2015.

[22]皮亚杰.发生认识论原理[M].北京：商务印书馆，1981.

[23]戚敏仪.图书馆亲子阅读活动读者满意度调查研究——以广州少年儿童图书馆为例[J].图书馆研究，2015，45（1）：112-118.

[24]戚敏仪.图书馆亲子阅读活动评价指标体系设计研究——以广州少年儿童图书馆为例[J].山东图书馆学刊，2015（1）：74-78.

[25]戚敏仪.基于德尔菲法的少儿文献评价指标体系构建[J].情报探索，2018（1）：56-62.

[26]孙云倩，许敬涵，俞洁丽，等.图书馆对学龄前儿童阅读意识和阅读兴趣培养的影响研究[J].图书馆研究与工作，2011（2）：66-69.

[27]王翩然，徐建华，STURM B W.阅读方法对儿童表达能力影响的实验研究[J].图书馆论坛，2017，37（4）：83-89.

[28]王翩然，徐建华，李耀昌.倾听儿童的声音：让儿童成为自己图书馆的评价

主体[J]. 中国图书馆学报，2017，43（5）：102-115.

[29]王平，茹嘉祎. 国内未成年人图书馆服务满意度影响因素——基于扎根理论的探索性研究[J]. 图书情报工作，2015，59（19）：41-46.

[30]王素芳，孙云倩，王波. 图书馆儿童阅读推广活动评估指标体系构建研究[J]. 中国图书馆学报，2013，39（6）：41-52.

[31]文化部公共文化司. 文化部办公厅关于开展第六次全国县级以上公共图书馆评估定级工作的通知[EB/OL].[2018-12-10]. http://zwgk.mcprc.gov.cn/auto255/201701/t20170117_477673.html.

[32]吴凡. 芬兰幼儿园质量评价简介及启示[J]. 山东教育，2010（18）：11-13.

[33]吴晓东，倪文尖，罗岗. 现代小说研究的诗学视域[J]. 中国现代文学研究丛刊，1999（1）：67-80.

[34]新华网.《全民阅读"十三五"时期发展规划》发布[EB/OL].[2018-11-29]. http://www.xinhuanet.com/politics/2016-12/27/c_129421928.htm.

[35]于良芝. 图书馆情报学概论[M]. 北京：国家图书馆出版社，2016.

[36]余祥. 儿童视角下的幼儿园区域活动评价环节探究[J]. 教育教学论坛，2014（31）：252-253.

[37]袁永雄，黄进. 幼儿喜欢什么样的幼儿园——基于幼儿绘画作品的调查[J]. 教育导刊（下半月），2013（12）：22-26.

[38]张娜. 不同主体视野中"好幼儿园"标准的比较[J]. 学前教育研究，2012（3）：9-14.

[39]张司仪. NAEYC幼教机构质量认证体系的评价思想及其启示[J]. 学前教育研究，2013（9）：15-20.

[40]郑仁华，张平昕，邹俐均. 儿童书柜人性化设计研究[J]. 包装工程，2016，37（6）：87-91.

[41]中国人大网. 中华人民共和国公共图书馆法[EB/OL].[2018-06-22]. http://www.npc.gov.cn/npc/xinwen/2017-11/04/content_2031427.htm.

[42]中国图书馆学会关于举办2016年全国图书馆未成年人服务提升计划——浙江站暨开展"少儿阅读推广人"培育行动（基础级）的通知_学会信息[EB/OL].[2016-12-13]. http://www.yzlib.cn/app/content.php/39054,0.html.

[43]中华人民共和国国家统计局. 少儿图书馆机构数[EB/OL].[2020-12-02].

https://data.stats.gov.cn/search.htm?s=%E5%B0%91%E5%84%BF%E5%9B%BE%E4%B9
%A6%E9%A6%86.

[44]中华人民共和国教育部.关于《综合防控儿童青少年近视实施方案（征求意见稿）》向社会公开征求意见的公告[EB/OL].[2018-08-10].http://www.moe.gov.cn/jyb_xwfb/s248/201808/t20180802_344113.html.

[45]中华人民共和国未成年人保护法（全文）[EB/OL].[2016-11-22].http://www.china.com.cn/policy/txt/2006-12/30/content_7582808.htm.

[46] UNICEF.《儿童权利公约》导言[EB/OL].[2016-11-22].https://www.unicef.org/chinese/crc/index_30160.html.

二、英文文献

[1]ABBOTT L，NUTBROWN C. Experiencing Reggio Emilia：implications for preschool provision[M]. Philadelphia，PA：Open University Press，2001.

[2]ABEELE V V，HAUTERS E，ZAMAN B. Increasing the reliability and validity of quantitative laddering data with LadderUX[C]//CHI'12 extended abstracts on human factors in computing systems. 2012：2057-2062.

[3]ABEELE V V，ZAMAN B，GROOFF D D. User experience laddering with preschoolers：unveiling attributes and benefits of cuddly toy interfaces[J]. Personal and ubiquitous computing，2012，16（4）：451-465.

[4]ABEELE V V，ZAMAN B，ABEELE M. The unlikeability of a cuddly toy interface：an experimental study of preschoolers' likeability and usability of a 3D game played with a cuddly toy versus a keyboard[C]//International conference on fun and games，2008：118-131.

[5]AGOSTO D E，HUGHES-HASSELL S. People，places，and questions：an investigation of the everyday life information-seeking behaviors of urban young adults[J]. Library & information science research，2005，27（2）：141-163.

[6]AIDEA C，SCHOOLMEESTER D，DEKKER M，et al. To cook or not to cook：a means-end study of motives for choice of meal solutions[J]. Food quality & preference，2007，18（1）：77-88.

[7]ALBERTSON D.Synthesizing visual digital library research to formulate a user-centered evaluation framework[J]. New library world，2015，116（3/4）：122-135.

[8]ALBRIGHT M，DELECKI K，HINKLE S.The evolution of early literacy[J].

Children & libraries, 2009, 7（1）: 13.

［9］ALSC.Competencies for librarians serving children in public libraries［EB/OL］. ［2016-08-15］. http://www.ala.org/alsc/edcareeers/alsccorecomps.

［10］ALSC. Programs for school-aged kids［EB/OL］. ［2018-03-30］. http://www.ala.org/alsc/kickstart.

［11］ANDERSON R C. Becoming a nation of readers: the report of the commission on reading［EB/OL］. ［2016-04-08］. https://files.eric.ed.gov/fulltext/ED253865.pdf.

［12］ARCARI S, FERRO R. Preschool children and relative analgesia: satisfaction grading through a verbal questionnaire［J］. European journal of paediatric dentistry, 2008, 9（1）: 18-22.

［13］ARCHARD D. Children: rights and childhood［M］. London: Routledge Press, 1993.

［14］ARNOLD D H, LONIGAN C J, WHITEHURST G J, et al. Accelerating language development through picture book reading: replication and extension to a videotape training format［J］. Journal of educational psychology, 1994, 86（2）: 235-243.

［15］Association for library service to children（ALSC）. Priority Group II— Evaluation of media［EB/OL］. ［2016-12-18］. http://www.ala.org/alsc/aboutalsc/coms/pg2mediaeval/als-pgii.

［16］BAKER S L. The display phenomenon: an exploration into factors causing the increased circulation of displayed books［J］. The library quarterly, 1986, 56（3）: 237-257.

［17］BARENDREGT W, BEKKER M M, SPEERSTRA M. Empirical evaluation of usability and fun in computer games for children［M］. Zurich:IOS Press, 2003.

［18］BARRIAGE S. Task-centered activities as an approach to data collection in research with children and youth［J］. Library & information science research, 2018, 40（1）: 1-8.

［19］BOWEN T, EVANS M M. What does knowledge look like? Drawing as a means of knowledge representation and knowledge construction［J］. Education for information, 2015, 31（1/2）: 53-72.

［20］BRAZELTON T B, SPARROW J. Touchpoints-three to six［M］. New York: Perseus Books, 2002.

［21］BROWDER D M, AHLGRIMDELZELL L, COURTADE G, et al. Evaluation of the effectiveness of an early literacy program for students with significant developmental disabilities［J］. Exceptional children, 2008, 75（1）: 33-52.

[22] BURROUGHS M D. Ideal adults, deficient children: the discourse on the child in western philosophy[D]. Tennessee: The University of Memphis, 2012.

[23] CAMPANA K, DRESANG E T. Bridging the early literacy gulf[J]. Proceedings of the American society for information science & technology, 2011, 48（1）: 1-10.

[24] CAMPANA K, MILLS J E, CAPPS J L, et al. Early literacy in library storytimes: a study of measures of effectiveness[J]. The library quarterly, 2016, 86（4）: 369-388.

[25] CARROLL J M, Thomas J C. Fun[J].ACM SIGCHI bull, 1988, 19（3）: 21-24.

[26] CELIS V, HUSSON J, ABEELE V V, et al. Translating preschoolers' game experiences into design guidelines via a laddering study[C] //Proceedings of the 12th international conference on interaction design and children. New York, USA: ACM, 2013: 147-156.

[27] CHANDRASEKAR K, SIVATHAASAN N. Children's section of the Jaffna public library: user satisfaction survey[J]. Library review, 2016, 65（1/2）: 108-119.

[28] CHANG J H, TSAI P C. A study of user behavior in the parent-child reading area: a case study in Taipei public library[C] //International conference on human-computer interaction, 2015: 355-360.

[29] CHAUDRON S, GIOIA R D, GEMO M. Young children（0-8）and digital technology: a qualitative study across Europe[R]. Joint Research Centre（European Commission）, 2018.

[30] CHIU C M. Applying means-end chain theory to eliciting system requirements and understanding users perceptual orientations[J]. Information & management, 2005, 42（3）: 455-468.

[31] CHOMSKY C. Stages in language development and reading exposure[J]. Harvard educational review, 1972, 42（1）: 1-33.

[32] CHOW B W-Y, MCBRIDE-Chang C, Cheung H, et al. Dialogic reading and morphology training in Chinese children: effects on language and literacy[J]. Developmental psychology, 2008, 44（1）: 233-244.

[33] CLARK A, MOSS P. Listening to young children: the mosaic approach[M]. 2nd ed. London: National Children's Bureau, 2011.

[34] CLARK A, STATHAM J. Listening to young children: experts in their own lives[J]. Adoption & fostering, 2005, 29（1）: 45-56.

[35] CLARK C D. In a younger voice: doing child-centered qualitative research[M]. Oxford: Oxford University Press, 2011.

[36] COCKBURN T. Children and citizenship in Britain: a case for a socially interdependent model of citizenship[J]. Childhood, 1998, 5（1）: 99-117.

[37] COHEN L E, KRAMER-VIDA L, FRYE N. Implementing dialogic reading with culturally, linguistically diverse preschool children[J]. NHSA dialog, 2012, 15（1）: 135-141.

[38] COOPER P M, CAPO K, MATHES B, et al. One authentic early literacy practice and three standardized tests: can a storytelling curriculum measure up? [J]. Journal of early childhood teacher education, 2007, 28（3）: 251-275.

[39] COPLAN R J, RUBIN K H, FOX N A, et al. Being alone, playing alone, and acting alone: distinguishing among reticence and passive and active solitude in young children[J]. Child development, 1994, 65（1）: 129-137.

[40] COPLAN R J, RUBIN K H. Exploring and assessing nonsocial play in the preschool: the development and validation of the preschool play behavior scale[J]. Social development, 1998, 7（1）: 72-91.

[41] Council On Communications and Media. Media and young minds[EB/OL]. [2017-07-21]. http://pediatrics.aappublications.org/content/early/2016/10/19/peds.2016-2591.

[42] CSIKSZENTMIHALYI M, NAKAMURA J. Effortless attention in everyday life: a systematic phenomenology[G]//Effortless attention. Cambridge, MA: MIT Press, 2010: 179-190.

[43] CSIKSZENTMIHALYI M, ABUHAMDEH S, NAKAMURA J. Flow [G] //Handbook of competence and motivation. New York, US: The Guilford Press, 2005: 598-698.

[44] CUNNINGHAM A E, STANOVICH K E. Early reading acquisition and its relation to reading experience and ability 10 years later[J]. Developmental psychology, 1997, 33（6）: 934-945.

[45] CUNNINGHAM A E. Vocabulary growth through independent reading and reading aloud to children[M]// Teaching and learning vocabulary: bringing research to practice. London: Routledge, 2005: 45-68.

[46] DANBY S, DAVIDSON C, EKBERG S, et al. "Let's see if you can see me": making connections with Google Earth™? in a preschool classroom[J]. Children's geographies, 2016, 14（2）: 141-157.

[47] DARBYSHIRE P, MACDOUGALL C, SCHILLER W. Multiple methods in qualitative research with children: more insight or just more? [J]. Qualitative research, 2005, 5（4）: 417-436.

[48] DEJONG M, SCHELLENS P J. Reader-focused text evaluation: an overview of goals and methods[J]. Journal of business and technical communication, 1997, 11（4）: 402-432.

[49] DEMARIE D. Successful versus unsuccessful schools through the eyes of children: the use of interviews, autophotography, and picture selection[J]. Early childhood research & practice, 2010, 12（2）: 17.

[50] DICKINSON D K, SMITH M W. Long-term effects of preschool teachers' book readings on low-income children's vocabulary and story comprehension[J]. Reading research quarterly, 1994, 29（2）: 105-122.

[51] DIMAGGIO P. Culture and cognition[J]. Metaphilosophy, 1997, 23（1/2）: 263-287.

[52] DONKER A, MARKOPOULOS P. A comparison of think-aloud, questionnaires and interviews for testing usability with children[G]//People and computers XVI-memorable yet invisible. Springer, 2002: 305-316.

[53] DOWD F S, DIXON J. Successful toddler storytimes based on child development principles[J]. Public libraries, 1996, 35（6）: 374-380.

[54] DOYLE B G, BRAMWELL W. Promoting emergent literacy and social-emotional learning through dialogic reading[J]. The reading teacher, 2006, 59（6）: 554-564.

[55] DRUIN A, BEDERSON B B, HOURCADE J P, et al. Designing a digital library for young children[C]//Proceedings of the 1st ACM/IEEE-CS joint conference on digital libraries. ACM, 2001: 398-405.

［56］DRUIN A，WEEKS A，MASSEY S，et al. Children's interests and concerns when using the international children's digital library：a four-country case study［C］// ACM/ IEEE-CS joint conference on digital libraries，2007：167-176.

［57］DRUIN A. The role of children in the design of new technology［J］. Behaviour and information technology，2002，21（1）：1-25.

［58］DUNN J，CUTTING A L，FISHER N. Old friends，new friends：predictors of children's perspective on their friends at school［J］. Child development，2002，73（2）：621-635.

［59］EDWARDS C，GANDINI L，FORMAN G. The hundred languages of children：the Reggio Emilia approach—advanced reflections［M］.Westport：Greenwood Publishing Group，1998.

［60］EINARSDOTTIR J，DOCKETT S，PERRY B. Making meaning：children's perspectives expressed through drawings［J］. Early child development & care，2009，179（2）：217-232.

［61］EINARSDOTTIR J. Playschool in pictures：children's photographs as a research method［J］. Early child development & care，2005，175（6）：523-541.

［62］ELMBORG J K. Libraries as the spaces between us：recognizing and valuing the third space［J］. Reference & user services quarterly，2011，50（4）：338-350.

［63］FARGAS-MALET M，MCSHERRY D，LARKIN E，et al. Research with children：methodological issues and innovative techniques ［J］. Journal of early childhood research，2010，8（2）：175-192.

［64］FLORES E P，PIRES L F，SOUZA C B A D. Dialogic reading of a novel for children：effects on text comprehension［J］. Paideía，2014，24（58）：243-252.

［65］FLYNN K S. Developing children's oral language skills through dialogic reading guidelines for implementation［J］. Teaching exceptional children，2011，44（2）：8-16.

［66］GHOTING S N，MARTIN-DIAZ P. Early literacy storytimes@ your library：partnering with caregivers for success［M］. Chicago：American Library Association，2006.

［67］GIVEN L M，WINKLER D C，WILLSON R，et al. Documenting young children's technology use：observations in the home［J］. Proceedings of the American society for information science & technology，2014，51（1）：1-9.

[68] GORMLEY S，RUHL K L. Dialogic shared storybook reading：an instructional technique for use with young students in inclusive settings[J]. Reading & writing quarterly，2005，21（3）：307-313.

[69] GOULDING A，DICKIE J，SHUKER M J. Observing preschool storytime practices in Aotearoa New Zealand's urban public libraries[J]. Library & information science research，2017，39（3）：199-212.

[70] GREEN C. Listening to children：exploring intuitive strategies and interactive methods in a study of children's special places[J]. International journal of early childhood，2012，44（3）：269-285.

[71] GRIMES J，MANJARREZ C A，MILLER K A，et al. Public libraries in the United States survey：fiscal year 2010[M]. Washington，D. C. ：Institute of Museum & Library Services，2013.

[72] GUTMAN J. A means-end chain model based on consumer categorization processes [J]. Journal of marketing，1982，46（2）：60-72.

[73] HALL L，JONES S，HALL M，et al. Inspiring design：the use of photo elicitation and lomography in gaining the child's perspective[C] //Proceedings of the 21st British HCI group conference on people and computers：Hci... but not as we know it-Volume 1. Swindon，GBR：BCS Learning & Development Ltd.，2007：227-236.

[74] HANNA L，RISDEN K，ALEXANDER K. Guidelines for usability testing with children[J]. Interactions，1997，4（5）：9-14.

[75] HARBAUGH W T，KRAUSE K，VESTERLUND L. Risk attitudes of children and adults：choices over small and large probability gains and losses[J]. Experimental economics，2001，5（1）：53-84.

[76] HARPHAM T，HUONG N T，LONG T T，et al. Participatory child poverty assessment in rural Vietnam[J]. Children & society，2005，19（1）：27-41.

[77] HART R A. Children's participation：the theory and practice of involving young citizens in community development and environmental care[M]. London：Routledge，2013.

[78] HARTEL J，THOMSON L. Visual approaches and photography for the study of immediate information space[J]. Journal of the American society for information science & technology，2011，62（11）：2214-2224.

[79] HOFFMAN G，GAL-OZ A，DAVID S，et al. In-car game design for children：child vs. parent perspective[C] //Proceedings of the 12th international conference on interaction design and children. New York，USA：Association for Computing Machinery，2013：112–119.

[80] HOLLANDS F M，PAN Y，SHAND R，et al. Improving early literacy：cost-effectiveness analysis of effective reading programs[EB/OL]. [2018–04–15]. http://www. kc.vanderbilt.edu/pals/pdfs/Improving%20Early%20Literacy.pdf.

[81] HONG H J，KANG M H，JUNG M B，et al. Analysis of the demand of parents and teachers for children's library[J]. Journal of the Korean society for information management，2009，26（2）：149–172.

[82] HOOD B，WELTZIEN S，MARSH L，et al. Picture yourself：self-focus and the endowment effect in preschool children[J]. Cognition，2016，152（7）：70–77.

[83] HOUGHTON K，FOTH M，MILLER E. The continuing relevance of the library as a third place for users and non-users of IT：the case of Canada Bay[J]. Australian library journal，2013，62（1）：27–39.

[84] HUGHES-HASSELL S，MILLER E T. Public library web sites for young adults：meeting the needs of today's teens online[J]. Library & information science research，2003，25（2）：143–156.

[85] IFLA. Guidelines for children's library services[EB/OL]. [2020–12–04]. http://www.ifla.org/publications/guidelines-for-children-s-library-services.

[86] IFLA. Guidelines for professional library/information educational programs[EB/OL]. [2020–12–12]. https://www.ifla. org/files/assets/set/publications/guidelines/guidelines-for-professional-library-information-educational-programs.pdf.

[87] IFLA. The background text to the guidelines for children's libraries Services[EB/OL]. [2018–04–10]. https://www.ifla.org/files/assets/libraries-for-children-and-ya/publications/guidelines-for-childrens-libraries-services_background-en.pdf.

[88] ISO 9241–210：2010-Ergonomics of human-system interaction-Part 210：Human-centred design for interactive systems[EB/OL]. [2018–08–08]. https://www.iso.org/standard/52075.html.

[89] JENSEN C N，BURLESON W，SADAUSKAS J. Fostering early literacy skills

in children's libraries: opportunities for embodied cognition and tangible technologies[C]// Proceedings of the 11th International conference on interaction design and children. New York, USA: ACM, 2012: 50-59.

[90] JEONG N Y, LEE J Y. A study on the use of the children's library—focusing on the miracle' library of Chung, Guyon[J]. Journal of the architectural institute of Korea planning & design, 2015, 31（6）: 111-119.

[91] JOINER R, MESSER D, LIGHT P, et al. It is best to point for young children: a comparison of children's pointing and dragging[J]. Computers in human behavior, 1998, 14（3）: 513-529.

[92] JONES P. New directions for library service to young adults[M]. Chicago: ALA Editions, 2002.

[93] KLENOSKY D B, SAUNDERS C D. Put me in the zoo！ A laddering study of zoo visitor motives[J]. Tourism review international, 2007, 11（3）: 317-327.

[94] KOONTZ C, GUBBIN B. IFLA public library service guidelines[M]. Berlin: De Gruyter Saur, 2010.

[95] KRISHNAN S, JOHNSON M H. A review of behavioural and brain development in the early years: the "toolkit" for later book-related skills[R]. London: Booktrust, 2014.

[96] LADD G W, BIRCH S H, BUHS E S. Children's social and scholastic lives in kindergarten: related spheres of influence? [J]. Child development, 1999, 70（6）: 1373-1400.

[97] LANGSTED O. Looking at quality from the child's perspective[G]//Valuing quality in early childhood services: new approaches to defining quality. London: Paul Chapman Publishing, 1994: 28-42.

[98] LASSONDE S. Age and authority: adult-child relations during the twentieth century in the united states[J]. Journal of the history of childhood and youth, 2008, 1（1）: 95-105, 159.

[99] LEVER-CHAIN J. Turning boys off? Listening to what five-year-olds say about reading[J]. Literacy, 2008, 42（2）: 83-91.

[100] LibQUAL+ [EB/OL]. [2016-12-16]. http://www.libqual.org/home.

[101] MACLEAN J. Library preschool storytimes: developing early literacy skills in

children[D]. Pennsylvania: Penn State University, 2008.

[102] MACMILLAN M, GRATZ A, GILBERT J. Meeting student needs at the reference desk[J]. Reference services review, 2011, 39 (3): 423-438.

[103] MANDELL N. The least-adult role in studying children[J]. Journal of contemporary ethnography, 1988, 16 (4): 433-467.

[104] MARKOPOULOS P, BEKKER M. On the assessment of usability testing methods for children[J]. Interacting with computers, 2003, 15 (2): 227-243.

[105] MARSH L E, KANNGIESSER P, HOOD B. When and how does labour lead to love? The ontogeny and mechanisms of the IKEA effect[J]. Cognition, 2018, 170 (1): 245-253.

[106] MARTINEZ E. What parents prefer and children like—investigating choice of vegetable-based food for children[J]. Food quality & preference, 2007, 18 (7): 949-962.

[107] MCCLURE C R, SNEAD J T, BERTOT J C, et al. Functionality, usability, and accessibility: iterative user—centered evaluation strategies for digital libraries[J]. Performance measurement & metrics, 2006, 7 (1): 17-28.

[108] MCKNIGHT L, READ J C. PLU-E: a proposed framework for planning and conducting evaluation studies with children[C] //Proceedings of the 25th BCS conference on human computer interaction, 2011: 126-131.

[109] MCNICOL S. User-centred library websites: usability evaluation methods[J]. New library world, 2010, 111 (1/2): 76-77.

[110] MICHAIL S, KELLETT M. Child-led research in the context of Australian social welfare practice[J]. Child & family social work, 2015, 20 (4): 387-395.

[111] MILLER J. The third place: the library as collaborative and community space in a time of fiscal restraint[J]. College & undergraduate libraries, 2011, 18 (2/3): 228-238.

[112] MILLER P H, ALOISE P A. Young children's understanding of the psychological causes of behavior: a review[J]. Child development, 1989, 60 (2): 257-285.

[113] MISTRY D, TAHMASSEBI J F. Children's and parents' attitudes towards dentists' attire[J]. European archives of paediatric dentistry official journal of the European academy of paediatric dentistry, 2009, 10 (4): 237-240.

[114] MONTEMAYOR J, DRUIN A, CHIPMAN G, et al. Tools for children to create physical interactive storyrooms[J]. Computers in entertainment, 2004, 2 (1): 12.

[115] MOORE A, LYNCH H. Accessibility and usability of playground environments for children under 12: a scoping review[J]. Scandinavian journal of occupational therapy, 2015, 22 (5): 331-344.

[116] MORROW V, RICHARDS M. The ethics of social research with children: an overview[J]. Children & society, 1996, 10 (2): 90-105.

[117] MURRAY E, HARRISON L J. The influence of being ready to learn on children's early school literacy and numeracy achievement[J]. Educational psychology, 2011, 31 (5): 529-545.

[118] DONG GO, KIM J S, CHOE S Y, et al. Developing and applying the evaluation measures for public library service to children[J]. Journal of the Korean society for library and information science, 2007, 41 (4): 365-385.

[119] OLDENBURG R. The great good place: cafes, coffee shops, bookstores, bars, hair salons and other hangouts at the heart of a community[M]. Cambridge, MA: Da Capo Press, 1999.

[120] Orange county library, NC. Event name: mind your manners B. B. wolf puppet show[EB/OL]. [2018-08-12]. http://www.orangecountync.gov/calendar_app/calendar_event_detail.html?eventId=3492&date=8/20/2018&show=no.

[121] Orange county public Library[EB/OL]. [2018-08-12]. https://www.instagram.com/ocplnc/.

[122] OZANNE L K, OZANNE J L. A child's right to play: the social construction of civic virtues in toy libraries[J]. Journal of public policy & marketing, 2011, 30 (2): 264-278.

[123] PÁLMADÓTTIR H, JOHANSSON E M. Young children's communication and expression of values during play sessions in preschool[J]. Early years, 2015, 35(3): 1-14.

[124] PAPERT S. Teaching children thinking[J]. Innovations in education & training International, 1972, 9 (5): 245-255.

[125] Participate and vote[EB/OL]. [2016-12-09]. http://gcba.coe.uga.edu/gcba-awards/participate-and-vote/.

［126］PAYNE A C，WHITEHURST G J，ANGELL A L . The role of home literacy environment in the development of language ability in preschool children from low-income families［J］. Early childhood research quarterly，1994，9（3）：427–440.

［127］PICKERING D，HORROCKS L，VISSER K，et al. Adapted bikes：what children and young people with cerebral palsy told us about their participation in adapted dynamic cycling［J］. Disability and rehabilitation：assistive technology，2013，8（1）：30–37.

［128］PICKERING D，HORROCKS L，VISSER K，et al. "Every picture tells a story"：interviews and diaries with children with cerebral palsy about adapted cycling［J］. Journal of paediatrics and child health，2013，49（12）：1040–1044.

［129］PICKERING D. Creative mosaic methods：hearing the "voice" of children with disabilities［J］. International journal of therapy & rehabilitation，2013，20（7）：221–224.

［130］PIETERS R，BOTTSCHEN G，THELEN E. Customer desire expectations about service employees：an analysis of hierarchical relations［J］. Psychology & marketing，1998，15（8）：755–773.

［131］PILLINGER C，WOOD C. Pilot study evaluating the impact of dialogic reading and shared reading at transition to primary school：early literacy skills and parental attitudes［J］. Literacy，2014，48（3）：155–163.

［132］PRELLWITZ M，SKÄR L. Usability of playgrounds for children with different abilities［J］. Occupational therapy international，2007，14（3）：144–155.

［133］PRICE J，WILLIS B. Evaluation report for institute for public libraries in service to young children. Higher education title II–B Project，1971–1972［R］. Durham：Learning Institute of North Carolina，1972.

［134］PURCELL-GATES V. Relationships between parental literacy skills and functional uses of print and children's ability to learn literacy skills［D］. Cambridge，MA：Harvard University，1994.

［135］QVORTRUP J，BARDY M，SGRITTA G，et al. Childhood matters［M］. Vienna：European Centre，1994.

［136］RANKIN C. IFLA guidelines for library services to children aged 0–18/revised visior（2018）［EB/OL］. ［2020–12–04］. https://www. ifla. org/publications/

node/67343?og=51.

［137］RANKIN C. Library services for the early years：policy，practice，and the politics of the age[J]. Library trends，2016，65（1）：5-18.

［138］READ J C，MARKOPOULOS P. Understanding children's interactions：evaluating children's interactive products[J].Interactions，2008，15（6）：26-29

［139］READ J，MACFARLANE S，CASEY C. Endurability，engagement and expectations：measuring children's fun[G] //Proceedings of the international workshop on "interaction design and children". Eindhoven, The Netherlands: Shaker Publishing, 2002：189-198.

［140］REYNOLDS T J，GUTMAN J. Laddering theory，method，analysis，and interpretation[J]. Journal of advertising research，1988，28（1）：11-31.

［141］REYNOLDS T J，OLSON J C. Understanding consumer decision making：the means-end approach to marketing and advertising strategy[M]. New Jersey：Lawrence Erlbaum Associates，2001.

［142］ROBERSON S. Evaluation report for institute for public libraries in service to young children，1972-1973[M]. Durham，NC，US：Learning Inst. of North Carolina，1972.

［143］ROBERTS H D. Review：a study of reading interests[J]. English journal，1926，15（7）：556-558.

［144］ROCHE J. Children：rights，participation and citizenship[J]. Childhood，2001，50（4）：191-192.

［145］ROGERS Y，SCAIFE M，GABRIELLI S，et al. A conceptual framework for mixed reality environments：designing novel learning activities for young children[J]. Presence：teleoperators and virtual environments，2002，11（6）：677-686.

［146］ROSALIE D. Children's and adults' attitudes towards parents smacking their children[J]. Children Australia，1995，20（2）：24-27.

［147］RUBIN K H，WATSON K S，JAMBOR T W. Free-play behaviors in preschool and kindergarten children[J]. Child development，1978，49（2）：534-536.

［148］SCHAFFER O. Crafting fun user experiences：a method to facilitate flow[EB/OL]. [2018-04-20]. http://web.cs.wpi.edu/~gogo/courses/imgd5100/papers/FlowQuestionnaire.pdf.

[149] SEONG E H, KIM S. A study on the service quality evaluation of children's libraries using LibQUAL+[J]. Journal of the Korean Society for information management, 2015, 34（2）: 29-53.

[150] SHOUKRY L, STURM C, GALAL-EDEEN G H. Pre-MEGa: a proposed framework for the design and evaluation of preschoolers' mobile educational games[G]// SpringerLink. Springer International Publishing: 385-390.

[151] STANOVICH K E. Matthew effects in reading: some consequences of individual differences in the acquisition of literacy[J]. Reading research quarterly, 1986, 21（4）: 360-407.

[152] STUFFLEBEAM D L. The CIPP Model for program evaluation[J]. Evaluation in education and human services, 1983（6）: 117-141.

[153] SUBRAMONY D P. Introducing a means-end approach to human-computer interaction: why users choose particular web sites over others[J]. Information seeking, 2002, 3（1）: 144-161.

[154] The public library service: the IFLA/UNESCO guidelines for development 2001[EB/OL]. [2016-12-14]. http://www.ifla.org/publications/node/1029.

[155] TOWSON J A, GALLAGHER P A. Training head start parents in dialogic reading to improve outcomes for children[J]. International journal of child health and human development, 2014, 7（3）: 287-296.

[156] TRELEASE J. The read-aloud handbook[M]. London: Penguin Books, 2006.

[157] VAN VELSEN L, VAN D G, KLAASSEN R, et al. User-centered evaluation of adaptive and adaptable systems: a literature review[J]. The knowledge engineering review, 2008, 23（3）: 261-281.

[158] VANOBBERGEN B, DAEMS M, TILBURG S V. Bookbabies, their parents and the library: an evaluation of a Flemish reading programme in families with young children[J]. Educational review, 2009, 61（3）: 277-287.

[159] WALKER R. Finding a silent voice for the researcher: using photographs in evaluation and research[G]//Qualitative voices in educational research. London, UK: Routledge, 2020: 72-92.

[160] WALLS T. Evaluation of media: ALSC priority group II[EB/OL]. [2020-12-14].

https://www.alsc.ala.org/blog/2007/12/evaluation-of-media-alsc-priority-group-ii/.

[161] WALTER V A. Output measures and more: planning and evaluating public library services for young adults[M]. Chicago: American Library Association, 1995.

[162] WALTER V A. Output measures for public library service to children: a manual of standardized procedures[M]. Chicago: American Library Association, 1992.

[163] WALTER V A. Public library service to children and teens: a research agenda[J]. Library trends, 2003, 51（4）: 571-589.

[164] WELCH A S, WADSWORTH M E, COMPAS B E. Adjustment of children and adolescents to parental cancer: Parents' and children's perspectives[J]. Cancer, 1996, 77（7）: 1409-1418.

[165] WHITEHURST G J, FALCO F L, LONIGAN C J, et al. Accelerating language development through picture book reading[J]. Developmental psychology, 1988, 24（4）: 552-559.

[166] WHITEHURST G J. Dialogic reading: an effective way to read to preschoolers[J]. Reading rockets, 1992.

[167] Wikipedia. Flow（psychology）[EB/OL]. [2018-04-20]. https://en.wikipedia. org/w/index.php?title=Flow_（psychology）&oldid=836178438.

[168] ZAMAN B, ABEELE V V. Laddering with young children in user experience evaluations: theoretical groundings and a practical case[C]//Proceedings of the 9th international conference on interaction design and children. ACM, 2010: 156-165.

[169] ZAMAN B. Introducing contextual laddering to evaluate the likeability of games with children[J]. Cognition, technology & work, 2008, 10（2）: 107-117.

[170] ZAMAN B. Laddering method with preschoolers: Understanding preschoolers' user experience with digital media[D]. Belgium: Katholieke Universiteit Leuven, 2011.

[171] ZANOLI R, NASPETTI S. Consumer motivations in the purchase of organic food[J]. Mpra paper, 2002, 104（8）: 643-653.

[172] ZEVENBERGEN A A, WHITEHURST G J. Dialogic reading: a shared picture book reading intervention for preschoolers[G] //On reading books to children: parents and teachers, London: Routledge, 2003: 177-200.

附　　录

附录 1 "喜欢的图书馆日常服务"结构关联矩阵

#	名称	8	9	10	11	12	13	14	15	16	17	18	19	20	21	22	23	24	25	26	27	28	29	30	31	32	33	34	35	36	37	38	39	40	41	42
	书	2.02	2.00	5.01	4.01	2.00	3.00	5.00	12.00	4.00	1.00	3.00	1.00	0.02	0.03	0.01	0.01	0.02	0.01	0.09	0.01	0.01	0.01	0.03	0.01	0.01			3.00	0.02	0.01					
1	游乐区域																										2.00	0.02								
2	同龄人																												3.02							
3	海外			0.01		0.01				1.00																						1.00	0.01			
4	绘本馆														1.00																			3.00	1.00	
5	软垫子																																	2.00	1.00	
6	椅子																																			
7	iPad					1.00									1.00																					
8	认字													1.01	1.00	1.00																				
9	故事															1.00																				
10	学习知识				1.00																									0.01	0.01					
11	亲子阅读														2.00		1.00																			
12	新奇																																			
13	可借回家	1.00																2.00																		
14	书多	1.00																	1.00																	
15	主题					1.00														9.00	1.00	1.00	1.00	1.00									1.00			
16	互动书																							2.00												
17	造型特别																													1.00						
18	有图画																								1.00	1.00										
19	图文并茂			1.00										1.00																						
20	认识很多字																																			
21	亲子互动																																			
22	故事好听																																			

续表

	8	9	10	11	12	13	14	15	16	17	18	19	20	21	22	23	24	25	26	27	28	29	30	31	32	33	34	35	36	37	38	39	40	41	42
23	去好学校上小学																																			
24	增加家里的书																																			
25	想要多看书																																			
26	喜欢的事物																																			
27	梦想																																			
28	愿望																																			
29	好笑																																			
30	互动																																			
31	看不懂字																																			
32	图画漂亮																																			
33	淘气堡																												2.00		1.00						
34	滑梯																																			
35	有很多小朋友																														2.00						
36	利朋友玩																															1.00					
37	喜欢朋友																																			
38	繁体书、英文书		1.00																														0.01			
39	交流																																			
40	舒服																																			
41	毛茸茸																																			
42	不会被人碰到裙子																																			

附录2 "不喜欢的图书馆日常服务内容"结构关联矩阵

		4	5	6	7	8	9	10
1	吵	3.00	0.01	0.01	1.00	0.01		
2	扔书						1.00	0.01
3	矮的椅子	1.00						
4	受影响无法看书		1.00	0.01				
5	被妈妈说			1.00				
6	伤心							
7	耳朵痛					1.00		
8	生病							
9	不礼貌							1.00
10	书破了看不了							

附录 3 "喜欢的图书馆活动" 结构关联矩阵

		4	5	6	7	8	9	10	11	12	13	14	15	16	17	18	19	20	21	22	23	24
1	讲故事	2.01	2.00	5.00	0.02	3.00	0.01	3.00	0.01	0.01	0.01	3.00	0.01		0.01							
2	手指操	2.00												5.00	2.00	0.01	2.00	0.01				
3	唱歌					1.00	0.02												5.00	6.02	2.00	1.00
4	新奇																					
5	听完整的故事																					
6	角色/情节				2.00																	
7	美好结局																					
8	老师						2.00															
9	悦耳/喜欢听																					
10	绘本机关	1.00							1.00				1.00									
11	像魔法书									1.00												
12	希望有魔法										1.00											
13	喜欢和别人不一样																					
14	喜欢看书														1.00							
15	熟悉感																					
16	易学																					
17	喜欢学习															1.00						
18	锻炼大脑																					

	4	5	6	7	8	9	10	11	12	13	14	15	16	17	18	19	20	21	22	23	24
19	动手指																	1.00				
20	像挠痒痒																					
21	歌曲						1.00															
22	喜欢唱歌																					
23	听众																			2.00		
24	英语																					

附录4 "不喜欢的图书馆活动"结构关联矩阵

		4	5	6	7
1	讲故事	1.00	1.00		
2	手指操	3.00			1.00
3	唱歌	1.00		1.00	
4	难				
5	情节不好				
6	导致咳嗽				
7	家人打击				

后　记

本书是在我的博士学位论文的基础上修改与充实而成的。回首过往，它的完成与出版离不开很多人的指导与帮助，请容我在此表达谢意。

感谢我的恩师徐建华老师。从2012年开始跟随徐老师至今的九年里，我耳濡目染他对实证研究的执着与严谨、学识的精深与渊博、处世的气魄与胸怀。徐老师给我极大的自主又总是在身后予我坚定的支持，让我看见了广阔的天地又拥有了翱翔的能力，使我成为一名独立且有抱负的研究者。同时，也感谢师母唐承秀老师对我们学业和生活无微不至的关怀。

感谢我的老师们。美国导师Brian Sturm教授对儿童阅读推广事业持续和全身心的热情投入，示范着对自己所选择事业的不懈追求，鼓舞着我在儿童图书馆事业领域开拓更多有价值的研究。感谢南开大学的于良芝老师、柯平老师、李月琳老师、王芳老师在学习与科研道路上给予我的教诲和指点。感谢张久珍老师、赵俊玲老师、范并思老师、倪晓建老师对我研究的关注与指导。

感谢天津港保税区文化中心图书馆图书文展部张欣部长、天津市红桥区少年儿童图书馆田立峰馆长、天津市少年儿童图书馆梦娃绘本馆区运营团队负责人汤晶晶女士、杭州图书馆少儿分馆吴白羽副主任、杭州市临安区图书馆钱新峰馆长、上海少年儿童图书馆卢秋勤馆长、上海浦东图书馆杨飞主任、福建省少年儿童图书馆康新宇馆长对调研的支持。

感谢所有参与研究的小朋友和家长。小朋友的话语为我们展示了一个与成人眼中稍有不同的图书馆形象，他们眼中的图书馆充满了美好但同时也有很多待改进的空间。同时感谢家长的信任，调研中我感受到家长对我的善意源于他们对图书馆事业的认可与支持。小朋友和家长对图书馆表达的喜爱和期待是对我们工作的最大认可，也是我研究的不竭动力。

感谢我的同窗好友。我很庆幸遇到有趣的同窗，张鑫、宫平、李亚设、陈锋、何鹏飞、周文博、Irfan，与他们的相遇使我的求学生涯并没有预想的乏味与艰难。我很荣幸拥有可爱的同门，宋志强、叶飞、亢琦师兄和苏超、俞碧飑师姐，他们无论在学业上还是生活中都是我的榜样；也很感谢我的师妹吴颖颖、吴子璇、路锦怡、马玥，她们帮助我收集数据、讨论结果，使这项研究得以深入。

感谢我的家人，尤其是我的母亲周静女士，正是他们分担了本该由我承担的责任，才能让我不被家庭琐事所累、全力追求学业和事业；也感谢王景星小朋友的到来，为我对儿童图书馆研究和事业的追求有了切身实感的寄托。

最后，特别感谢中国图书馆学会编译出版委员会和国家图书馆出版社的资助。承蒙中国图书馆学会编译出版委员会专家们的厚爱，我万分幸运获得了出版博士论文的机会，得以将拙作呈现给关注图书馆事业的读者们。感谢国家图书馆出版社领导的关爱，为我们这些刚刚走出校园的学术新人提供了一个如此高水平的学习、展示、交流的平台。感谢邓咏秋老师、高爽编辑和唐澈责任编辑为本书的顺利出版所付出的辛苦工作，尤其是唐澈责编对每一个字句的斟酌、对每一条参考文献的校阅，才使得本作能以高质量问世。

受限于个人的学识与能力，本书难免有疏漏之处，恳请各位读者批评指正。

回首过往，我遇见了太多的善意，因而取得了一点成绩。展望前方，我会带着这些善意继续前行，不断尝试与突破，为图书馆事业继续贡献自己的一份应尽的力量。

王翩然

2021年5月1日于天津